Laura Cuesta Cano

C♥NECTADOS

Un contrato familiar
para que el uso del móvil
nos funcione a todos

MOLINO

Papel certificado por el Forest Stewardship Council®

Penguin
Random House
Grupo Editorial

Primera edición: septiembre de 2024

Printed in Spain – Impreso en España

ISBN: 978-84-272-4291-3
Depósito legal: B-11.343-2024

Compuesto por Francisco Javier Martínez Lavandeira
Impreso en Gómez Aparicio, S. L.
Casarrubuelos (Madrid)

M O 4 2 9 1 3

*A mi padre, que, sin gustarle los móviles,
aprendió a usarlos solo
para estar más «conectado»
con sus nietos*

ÍNDICE

INTRODUCCIÓN

¡Hola, familias!

Me llamo Laura y soy profesora de comunicación, marketing y medios sociales en la Universidad Camilo José Cela de Madrid (España) desde hace más de diez años, lo que significa que sí o sí he tenido que mantenerme **informada y actualizada** sobre todos los cambios, nuevas **tendencias e innovaciones** en el **entorno digital** y, muy especialmente, en el mundo de las apps y redes sociales. Así que, como imaginaréis, durante todos estos años he convivido en el aula con **decenas de estudiantes con móviles** (más o menos antiguos, dependiendo de la época), tabletas, portátiles, pizarras digitales, Smart TV y, por supuesto, libros y folios.

También trabajo diariamente en relación con la **prevención de adicciones en adolescentes y jóvenes,** tanto del consumo de sustancias como del **abuso de pantallas y de los riesgos de los juegos de azar y las apuestas deportivas.** Y esto me permite mantenerme en contacto con los **profesionales sanitarios referentes** de nuestro país, además de estar al día de las últimas investigaciones y estudios basados en evidencias científicas sobre **adicciones comportamentales.**

Y, por último, pero no menos importante, soy madre de un adolescente de dieciocho años y una (cuasi post) adolescente de veintitrés, y esto os puedo asegurar que es lo que más experiencia me ha dado para poder hablaros hoy del mundo de **los menores y las pantallas**; aunque siempre pensando que **no hay nadie mejor que vosotros para saber qué es lo mejor para vuestros hijos** y entendiendo, por ello, vuestras diferentes situaciones y decisiones.

Ahora que me conocéis un poco más, ¡comenzamos!

Si os encontráis aquí es porque, o bien recientemente le habéis comprado o regalado un móvil a vuestro hijo o hija, o bien estáis considerando hacerlo y queréis saber cómo gestionarlo de la mejor manera para que lo **utilice de una forma segura y responsable.**

Para todos aquellos que os encontréis en la primera situación, en el Capítulo 4 encontraréis una guía para desarrollar paso a paso un **«contrato para hacer un buen uso del móvil»**, donde, además de explicar y razonar el porqué de cada medida para que podáis dialogar y conversar sobre ello con vuestros hijos, os cuento los riesgos digitales que ayuda a prevenir y las aptitudes que fomentará en los menores.

Si, por el contrario, todavía no habéis comprado el móvil, en el Capítulo 1 os hablo de los tipos de dispositivo que hay en el mercado y os aconsejo qué es lo más recomendable según las edades y necesidades de los niños y adolescentes.

En este libro también encontraréis una reflexión sobre la gran responsabilidad que es darles dispositivos tecnológicos a nuestros hijos y cómo, por este motivo, **debemos implicarnos en la supervisión, orientación y educación de su actividad en el entorno digital**.

Finalmente, en los **glosarios** aparece un listado de **términos relacionados con el mundo móvil y digital** que os ayudarán a entender muchas de las noticias que se publican hoy día en los medios e, incluso, ¡a conocer la jerga de nuestros adolescentes!

¡Carlo!, ¡qué cringe!
¿Has visto el nuevo TikTok de tu ex?

¡LOL! Es superrandom...
Pero, Rodri, deja ya el móvil
y para de stalkear anda...

¿Qué es eso de "cringe",
"random" y "stalkear"?

Mamá, eres muy boomer...

Yo seré muy boomer, pero... ¿y lo de tu ex?
¡Que eso sí lo he entendido!

1

¿QUÉ ES UN MÓVIL?

TIPOS DE DISPOSITIVOS

Qué teléfono es más adecuado
dependiendo de la edad del menor
y de las circunstancias de cada familia.

A la hora de valorar cómo y cuál es el mejor momento para dar un dispositivo móvil a nuestros hijos solemos pensar en un único concepto de «móvil» (*smartphone*), y esto hace que sea más difícil tomar esta decisión. Por ello, os vamos a explicar qué tipo de dispositivos hay, qué características tiene cada uno y, por consiguiente, **qué tipo de tecnología es la más**

recomendable para cada edad y para cada menor según sus necesidades.

EL MÓVIL SIN INTERNET

Un **«móvil» o teléfono móvil básico** (celular), por definir-

lo de forma sencilla, es un dispositivo portátil y personal que te permite hacer llamadas y enviar mensajes de texto. Pueden ser táctiles o con pequeñas pantallas y teclado, y disponer, o no, de cámara para tomar fotos. Lo mejor es que proporcionan una duración de la batería más prolongada.

Este tipo de dispositivos son **muy recomendables para las personas mayores con las que solo necesitemos contactar mediante llamadas** y que no sean usuarias de redes sociales o canales de mensajería instantánea como WhatsApp. Además, suelen diseñarse terminales especiales con botones grandes para facilitar su accesibilidad y usabilidad.

Hoy día los denominan «*dumb phones*» o «teléfonos tontos» y han comenzado a ser muy utilizados por los millennials y los miembros de la generación Z que quieren escapar del «enganche» que les provocan los *smartphones* con acceso a todas sus redes sociales y canales de mensajería instantánea. Aunque algunos pueden conservar funcionalidades importantes para el día a día como el correo electrónico, Spotify o Google Maps.

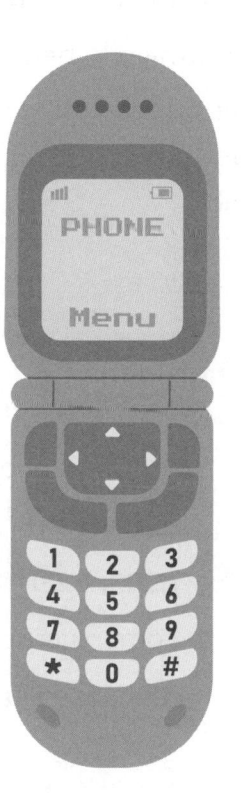

Por su sencillez y aplicaciones, este tipo de móviles también son **ideales como primer dispositivo** que podemos entregar a nuestros hijos cuando lo que necesitamos es localizarlos a través de una llamada para saber que han llegado a casa después del colegio o cuando salen con sus amigos a la calle. **No entrañan riesgos, más allá de que puedan querer robárselo, ya que no disponen de conexión a internet.** Por tanto, si la familia lo necesita por sus circunstancias, un menor de nueve o diez años podría acceder a este tipo de dispositivos sin ningún problema.

RECUERDA

Aun así, debemos explicar a nuestros hijos que UN MÓVIL NO ES UN JUGUETE, SINO UNA HERRAMIENTA que les facilitamos para poder comunicarnos con ellos y, como tal, deben responsabilizarse de su buen uso y estado.

EL RELOJ INTELIGENTE

Si tenemos la necesidad de poder contactar y llamar a nuestros hijos, pero **aún no queremos introducir el**

concepto «móvil» en sus vidas, una buena opción es la de los relojes inteligentes para niños. Es un dispositivo con llamada y videollamada para estar conectado con tu hijo con el que, además, consigues la localización en tiempo real. En algunos podemos activar el «Modo Clase» (para desactivarlo en el centro escolar) y el «Rechazo de Extraños» (para su seguridad y privacidad).

DATOS

El primer «teléfono móvil» de la historia se considera que es el DynaTAC 8000X celular de Motorola, inventado en 1973 por Martin Cooper (a pesar de que desde 1946 empezaron a instalarse en los coches de Estados Unidos unos teléfonos, los llamados de la «Generación Cero», ¡que pesaban 40 kilos!).

EL TELÉFONO INTELIGENTE

Un **smartphone** es un teléfono inteligente que va más allá de las funciones básicas de llamadas y mensajes. Es como tener un **miniordenador en tu bolsillo**. Tienen pantallas táctiles, sistemas operativos que admiten la descarga de aplicaciones, cámaras de alta resolución y, lo más importante, conectividad a internet.

Por tanto, con un *smartphone* puedes navegar por internet, usar aplicaciones como redes sociales y juegos, y muchas otras cosas. Es un dispositivo todo en uno que **combina las funciones de un teléfono con las capacidades de una computadora portátil**, haciéndolo muy útil y versátil en la vida diaria.

DATOS

En España:

– En el 99,5 % de los hogares con, al menos, un miembro de 16 a 74 años hay un teléfono móvil.

– El 70,6 % de los menores de 10 a 15 años utiliza teléfono móvil. Desglosado por franjas de edad: el 23,3 % de los menores de 10 años ya tiene móvil propio; el 45,7 %, con 11 años; el 72,1 %, con 12 años; el 88,2 %, con 13 años; el 94,1 %, con 14 años, y el 94,8 %, con 15 años.

La decisión de regalar el primer móvil no debe depender de la edad ni de la presión social, sino de las necesidades y circunstancias tanto del niño como de la familia, porque, como ya hemos visto, hay otras opciones antes de decidirnos por un teléfono inteligente para ellos.

Pero, si ya hemos decidido que es el momento para comprar o dar un *smartphone* reutilizado a nuestro hijo, esta decisión debería estar fundamentada en, al menos, estas reflexiones:

- ¿Estamos en una etapa en la que nosotros, como padres, **tenemos el tiempo suficiente y podemos implicarnos** en la **educación** y **supervisión** de la actividad que nuestro hijo o hija haga en el entorno digital?
- ¿El menor cuenta con la **madurez** suficiente para adquirir la **responsabilidad** que supone tener un móvil y demuestra esta madurez y responsabilidad no solo en el uso de la tecnología, sino también en el día a día con su comportamiento?

Una vez que hemos llegado a la conclusión de que tanto adultos como menores pueden gestionar la adquisición y el uso del móvil, **lo más recomendable es que el dispositivo sea de baja gama**, pues, para las necesidades que van a tener a estas edades, es suficiente con las características técnicas de muchas marcas y terminales de bajo coste, y que cuente con

tarifa de datos limitada, ya que es la mejor forma de enseñarles **cómo deben autocontrolarse.**

Aun teniendo todo esto claro, **debemos saber que hoy día los niños y adolescentes no socializan ni se relacionan como lo hacíamos nosotros, y esto no tiene que ser, *a priori*, ni mejor ni peor**. Tan solo consiste en entender que estamos ante un cambio de ciclo, en un período de digitalización y transformación digital de toda la sociedad y, con ella, de los hábitos de las nuevas generaciones. De hecho, tal y como se puede observar en el estudio «Mi realidad conectada. Sí, también soy digital», publicado por la Fundación Cibervoluntarios en junio de 2024, los adolescentes y jóvenes ya no perciben un mundo real y otro digital, sino que ellos solo viven una realidad, y también es la conectada. Entienden el móvil como un canal más con el que pueden informarse, escuchar música, socializar, leer, jugar... Nosotros tan solo debemos dejar de verlo con la «visión adultocentrista» para entender que realizar todas estas actividades desde el móvil también puede enriquecerles, aunque no sea de forma analógica. Eso sí, nuestro trabajo consistirá en que haya un buen equilibrio entre las horas que pasan conectados y las que están sin pantallas.

Precisamente, el periodista y escritor Manuel Jabois se preguntaba si deberíamos seguir llamando «teléfono» a un dispositivo que ya prácticamente no se utiliza para llamar: y es que, como nos dicen los estudios, los niños y adolescentes se comunican con sus amigos a través de aplicaciones de mensajería instantánea como WhatsApp y mensajes directos de Instagram o Snapchat. Una reflexión interesante que ilumina el hecho de que la tecnología y sus usos evolucionan de maneras inesperadas y que **debemos entender estos cambios sin aplicar los prejuicios del pasado**.

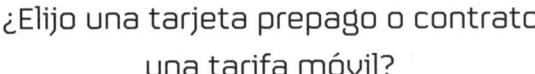

LAS TARIFAS DEL MÓVIL

¿Elijo una tarjeta prepago o contrato una tarifa móvil?

Cuando tengamos claro que es el momento idóneo para que nuestro hijo o hija tenga un móvil, y si creemos que es lo suficientemente mayor para disponer de un *smartphone*, tendremos que pensar qué tipo de tarifa es la más adecuada para su uso.

Las opciones que en la actualidad tienen todas las compañías son:

- **Las tarjetas prepago:** este servicio te ofrece una tarjeta SIM que recargas con el saldo que consideres y cuando quieras.
- **La tarifa prepago:** contratas una tarjeta SIM asociada a un servicio por tiempo limitado, normalmente entre 28 y 30 días. Una vez finalizado el período, puedes volver a recargar la tarjeta.
- **La tarifa o contrato móvil:** tendrás internet y llamadas disponibles en tu móvil todos los meses de manera recurrente y recibirás la factura por el servicio a mes vencido.

Cuando tienes una tarifa de contrato, puedes elegir un tope de minutos y de datos por separado o conjuntamente las dos modalidades. Si tienes un límite de minutos, tu compañía te facturará lo que te pasas incrementando la cuota fija en el recibo. Si te pasas con los datos, no te cobrará por el exceso de uso, pero irá bastante más lento.

La más completa es la **tarifa ilimitada**, tanto en minutos de llamadas como en datos, **PERO no es lo más**

recomendable que tengan gigas ilimitados si es para nuestros hijos menores, ya que así no podrán aprender lo que es el autocontrol y **regular su consumo** de contenidos. En cuanto a los minutos de llamadas, no es un problema que sean ilimitados y quizá nos puede salvar de algún susto en nuestra factura mensual.

Es importante que, sea cual sea la tarifa de móvil que decidamos contratar, nos aseguremos de que no nos obliguen a una permanencia ni que la tarifa tenga un coste por establecimiento de llamada.

«Un menor no necesita más de 1 GB al mes en su móvil si tenemos en cuenta el uso que debería hacer de internet respecto a su rango de edad».

MARIANO MARTÍNEZ,
DIRECTOR DE AVANZA SOLUTIONS

LAS MEJORES MODALIDADES DE CONTRATACIÓN SEGÚN LA EDAD

De diez a catorce años:

La mejor opción es una **tarifa que NO tenga internet** en el móvil y cuente con llamadas ilimitadas o con minutos gratis. Pero, si queremos que tengan cierto acceso a internet, podríamos optar por una tarjeta prepago o un contrato con pocos gigas, que podremos aumentar más adelante, según vayan creciendo.

De catorce a dieciséis años:

La mejor opción es una **tarifa móvil con baja cantidad de datos**, por si ya comienzan a utilizar algunas apps de mensajería para contactar con sus compañeros de clase, para escuchar música o, si fuera el momento oportuno, tener perfil en alguna red social (recuerda que ahora no podrán acceder a las redes sociales hasta los dieciséis años). Y con **minutos gratis** o llamadas ilimitadas.

De dieciséis a dieciocho años:

La mejor opción es una **tarifa media de datos**, pues el uso de las herramientas digitales para socializar y para el entretenimiento es más alto, pero sin tener que optar por la opción de datos ilimitados, como decíamos antes.

> **Recomendamos** retrasar el acceso a un *smartphone* abierto a muchas oportunidades, pero también a muchos riesgos, al menos **hasta los catorce años.**

Para contratar una tarifa de prepago o una tarifa de contrato móvil debes acudir a una tienda física o hacerlo vía online o telefónica. Se te pedirá un documento de identificación oficial (DNI o Pasaporte), ser mayor de edad, un número de cuenta bancaria y un recibo que confirme que los datos que proporcionas son ciertos y que no tienes situación de impagos o morosidad.

RECUERDA

Los menores de edad no pueden ni comprar un móvil ni contratar una línea a su nombre, por tanto, deberá hacerse a nombre de los padres o tutores legales. Aun así, el Gobierno ha presentado la **Cartera Digital**, una aplicación móvil que incluye un sistema para verificar la mayoría de edad en el acceso a contenidos para adultos. Además, los móviles vendrán con una funcionalidad de control parental instalada gratuita que se activará por defecto en el momento de la configuración inicial del dispositivo para indicar que ese terminal va a ser usado por un menor.

! IMPORTANTE

Debemos de saber que ya se ha regulado el uso de los teléfonos personales en los centros educativos en prácticamente todas las comunidades autónomas, no estando permitidos durante el horario lectivo en Infantil y Primaria, y en Secundaria solamente para actividades pedagógicas y con supervisión del profesor. Por tanto, sin nuestros hijos llevan dispositivos al centro, tendrán que mantenerse apagados desde la entrada al centro educativo hasta la salida de este, incluyendo los períodos lectivos, recreos y otros tiempos de descanso, actividades complementarias y extraescolares organizadas por el centro educativo (salvo si hay necesidades relacionadas con la salud o con otras circunstancias personales o familiares debidamente justificadas).

LOS RIESGOS Y DAÑOS QUE SE COMETEN A TRAVÉS DEL MÓVIL

Ciberacoso, ciberdelitos,
bulos y desinformación.

A pesar de todos los avances y mejoras que la digitalización ha hecho posible durante lus últimas décadas, sabemos que **la tecnología, como herramienta que es, no está exenta de producir ciertos riesgos** tanto a la persona que la utiliza como a terceros.

Estos riesgos se pueden presentar en forma de **problemas que afectan a los dispositivos** tecnológicos, como los troyanos, *adware*, gusanos o cualquier otro tipo de *malware*. O bien se trata de **riesgos que acaban dañando la integridad del propio usuario**, ya sea por robo de identidad, *phishing*, sextorsión o *grooming*, entre muchos otros.

Por ello, conocer el funcionamiento de las aplicaciones y plataformas que usemos, respetar ciertas pautas de seguridad y privacidad, y supervisar la navegación de los más pequeños hará que disminuya notablemente la posibilidad de sufrir malas experiencias.

Pero, además de todos los riesgos que nuestros hijos pueden sufrir por un desconocimiento de la tecnología o un mal uso de esta, también el simple hecho de no utilizarla con madurez y autocontrol puede hacer que se convierta en un verdadero problema. En una encuesta (Estudio Uso problemático de las TIC en adolescentes, 2019) que se realizó a estudiantes de entre doce y diecisiete años se concluyó que:

- En el ámbito académico, el 44,6 % de los estudiantes aseguró que el uso de estas tecnologías le quita tiempo que podría emplear en el estudio.
- El 17 % utiliza dispositivos digitales para distraerse en clase.
- El 22,5 % de los adolescentes ha reducido considerablemente el tiempo dedicado a otras actividades que no requieren dispositivos tecnológicos. Por ejemplo, el deporte, que es practicado menos por quienes más dependencia de la tecnología tienen.
- El 12,9 % ha reducido mucho o bastante el tiempo dedicado a salidas culturales debido al uso de estas tecnologías.
- En el ámbito de las relaciones sociales, el 9,4 %

de los y las jóvenes afirma haber recortado el tiempo que pasa presencialmente con sus amistades, mientras que un 26 % pasa bastante o mucho tiempo solo desde que usa dispositivos tecnológicos.

El último estudio elaborado por Gaptain en colaboración con la Consejería de Educación de la Comunidad de Madrid, «Educación digital y Convivencia escolar 2024», sobre alumnado de nueve a doce años, también da unos datos preocupantes sobre los que debemos reflexionar:

- El 65% de los alumnos de entre diez y doce años tiene cuenta en, al menos, una red social, cuando la edad mínima de acceso en la mayoría de ellas es de trece años (además de que no podrían tener perfil hasta los dieciséis, según el nuevo Anteproyecto de Ley).
- El 74% juega de forma online habitualmente con personas que no conoce.
- El 14% dice haber realizado apuestas online alguna vez, cuando es una actividad prohibida para menores de dieciocho años.
- Solo el 38% afirma conocer a todos sus contactos en persona.

Por todo ello, **se hace necesario educarlos no solo en las cuestiones más técnicas antes de utilizar sus dispositivos, sino también en cómo deben aprender a gestionar el tiempo de pantalla** y a alternarlo con otras diferentes actividades en las que no dependan del móvil o la tecnología.

EL CIBERACOSO A TRAVÉS DE APPS DE MENSAJERÍA Y REDES SOCIALES

Todos sabemos que el acoso escolar no es algo nuevo ni propio de estas generaciones, pero, sin duda, el número de niños que lo sufren cada día sigue siendo muy alto. Y lo peor del acoso es cuando no cesa con el horario lectivo, sino que muchos niños siguen siendo insultados, vejados y amenazados a través de las plataformas online, sufriendo lo que conocemos como *ciberbullying*.

Las plataformas más utilizadas para cometer este acoso incesante y reiterativo hacia un compañero o compañera son **las redes sociales y los canales de mensajería instantánea.** Según el último estudio de Fundación Mutua Madrileña y Fundación Anar (2023): WhatsApp (70,2 %), Instagram (49,6 %) y TikTok (38,5 %)

son los principales medios utilizados. Destacan en primaria la red de TikTok, Juegos online y Twitch. Por ello, como padres, será fundamental no solo que supervisemos la actividad digital de los menores, sino también estar atentos ante cualquier **señal de alarma** que pueda significar que algo no va bien.

Además, tenemos que saber que muchas veces los agresores que están haciendo *bullying* a un menor, ya sea en la calle o en el centro escolar, **lo graban para poder colgarlo más tarde en las redes** o enviarlo por los grupos de la red y seguir así ridiculizando a la víctima. Es lo que conocemos como *Happy Slapping*.

El mal uso de la tecnología y, en especial, el temprano acceso a los móviles por parte de los niños han hecho que aumenten los casos de humillaciones y acoso en el entorno digital. Pero también hemos de saber que prohibir la tecnología no es la solución, puesto que, aunque carecieran de teléfonos móviles, encontrarían la forma a través de otros recursos y herramientas para seguir acosando y dañando a compañeros.

IMPORTANTE

Hay algunas apps con una apariencia y funcionalidad totalmente inocua, como puede ser una «calculadora», que son apps fantasmas que realmente sirven para esconder información que nuestros hijos no quieren que veamos, como fotos, vídeos o sitios webs de contenido inapropiado o para adultos. Suelen escapar a los controles parentales y, al clicar en ellas, aparentemente cumplen su función, pero nos piden ingresar un «código» que es lo que les da acceso a todo el material que tienen ahí escondido. Si vemos que estas apps son usadas más tiempo de lo normal (no creo que todos tengamos a pequeños Pitágoras en casa disfrutando de estar todo el día con cálculos matemáticos) y tienen un peso excesivo, sospechad y habladlo con ellos.

LOS CIBERDELITOS Y CIBERESTAFAS

La tecnología, desgraciadamente, también es utilizada para muchas de las malas acciones que antes se hacían sin una pantalla, como es el caso de las personas que intentan **estafarnos**, **robarnos** o **chantajearnos**.

Entre los ciberriesgos más comunes que se pueden sufrir a través del móvil encontramos estos:

Phishing (*vishing* y *smishing*): El *phishing* es un tipo de ciberestafa cuyo objetivo es obtener de la víctima sus contraseñas, números de tarjetas de crédito o DNI mediante el engaño para, más tarde, utilizarlos de forma fraudulenta.

Normalmente los estafadores piden datos personales **haciéndose pasar por una empresa o entidad pública** con la **excusa de comprobarlos o actualizarlos**, a través de llamadas telefónicas (*vishing*) o SMS (*smishing*), o falsificando el mail o la web de la propia empresa y haciendo que hagamos clic para aterrizar en ella. Al hacerlo, el enlace nos llevará directamente al programa malicioso desde donde ya podrán acceder a nuestras claves o datos y/o instalar otro tipo de *malware* (virus, troyano, *spyware*).

RECUERDA

- NUNCA pinches ningún enlace que te envíen que tú no hayas solicitado, ya sea en un SMS, mail o WhatsApp.

- NUNCA rellenes con tu usuario y contraseña ninguna web que te lo solicite (como tu entidad bancaria, Correos, Amazon, Renfe, etc.) con la excusa de un mantenimiento o actualización de su base de datos.

- NUNCA te creas las ofertas y descuentos increíbles en plataformas como Instagram o TikTok, porque muchas te conducen a webs maliciosas.

La ingeniería social que está detrás de todos los ciberdelitos cada vez es más minuciosa y a veces cuesta realmente detectar cuándo un enlace o una web son falsos o no, por eso hay que ser todavía más precavidos.

RECUERDA

Debemos enseñar a los adolescentes y jóvenes a desarrollar una actitud crítica y a que comprueben siempre la veracidad de la información antes de creer en ella o compartirla.

2

¿QUÉ ES LO PRIMERO QUE TENGO QUE HACER ANTES DE DAR EL TELÉFONO A MI HIJO?

**CONECTA EL MÓVIL
Y CÁRGALO**

La primera carga completa con
los teléfonos actuales no te llevará
más de treinta minutos.

Si el teléfono móvil que va a utilizar el menor es nuevo,
nada más sacarlo de la caja tendremos que **cargarlo**,
activarlo y **conectarnos a una red wifi** que esté disponible para realizar toda la configuración.

Si el teléfono que vamos a dar a nuestros hijos es
reutilizado, primero tendremos que **borrar todos los**

datos, en el caso de que tengamos una microtarjeta en él, y, después, configurar el dispositivo para que **se reinicie** como «Ajustes de fábrica».

Los siguientes pasos que deberemos dar son:

- Configurar la cuenta de Google o ID de Apple.

- Actualizar el sistema operativo.

- Personalizar la configuración.

- Configurar una copia de seguridad.

- Instalar un control parental.

- Gestionar los permisos de las apps.

- Configurar las notificaciones.

CREA UN USUARIO O CUENTA PARA EL MENOR

Configura la cuenta de Google o el ID de Apple.

Una vez activo el dispositivo, tanto para el sistema operativo Android como para IOS, tenemos que crear un perfil específico para nuestro hijo, ya sea creando una cuenta de Gmail o un ID de Apple.

IMPORTANTE

Cuando pongamos la fecha de nacimiento de usuario al crear la cuenta del menor, es FUNDAMENTAL que pongamos la edad real del menor, porque solo así podremos estar seguros de que se activan todas las herramientas de protección y seguridad en el dispositivo.

ACTUALIZA EL TELÉFONO

Cómo actualizar los dispositivos en IOS y Android.

Un sistema operativo es un *software* o programa que determina y controla el funcionamiento de un móvil.

Para garantizar la seguridad y privacidad (menor riesgo de ser hackeados y que nos infecte cualquier tipo de *malware*) debemos **mantener nuestros dispositivos actualizados**, tanto de los sistemas operativos como de todas las aplicaciones que hayamos descargado.

RECUERDA

Se recomienda no conectarse nunca a redes de wifi públicas y utilizar una conexión de datos móviles segura en su lugar.

De forma general, y para casi todos los dispositivos, los pasos que debemos realizar para realizar las actualizaciones son:

ACTUALIZACIÓN DEL SISTEMA OPERATIVO:

1. **Verifica la disponibilidad:** Asegúrate de que hay una actualización disponible para tu dispositivo. Puedes hacerlo en la configuración de tu teléfono.

2. **Conexión a una red wifi:** Antes de realizar la actualización, conecta tu teléfono a una red wifi estable. Algunas actualizaciones pueden ser grandes y consumir muchos datos, y la conexión wifi ayuda a garantizar una descarga rápida y sin problemas.

3. **Respaldo de datos importantes:** Antes de realizar la actualización, haz una copia de seguridad de tus datos importantes, como fotos, contactos y archivos.

4. **Accede a Configuración:** Ve a la sección de «Configuración» en tu teléfono.

5. **Actualización del Sistema:** Busca la opción de «Actualización del sistema» o «Actualización de software». La ubicación exacta puede variar según el sistema operativo (Android, iOS, etc.).

6. **Descarga e instala:** Si hay una actualización disponible, sigue las instrucciones para descargarla e instalarla. Quizá debas reiniciar el dispositivo después de la instalación.

Las apps o aplicaciones son programas informáticos diseñados para ser descargados e instalados en un *smartphone* y poder ejecutar un sinfín de funciones y tareas. Las aplicaciones (excepto las que vienen preinstaladas en nuestro terminal) se descargan en los mercados o tiendas de aplicaciones: Google Store y App Store de Apple. Normalmente vamos a encontrar tres formatos de apps:

– **Apps gratuitas.** A cambio de los contenidos o funcionalidades gratuitas, estas aplicaciones suelen presentar una gran cantidad de publicidad.

RECUERDA

Hay que tener especial cuidado con la descarga de apps gratuitas porque estas ofrecen publicidad inapropiada para menores, aunque la app sea de uso infantil.

– **Apps de pago por descarga.**
– **Apps *freemium*.** La app se descarga de forma gratuita y contiene ciertos contenidos en abierto, pero, para acceder a otros contenidos o servicios, se debe pagar (*in-app purchase*).

- **Apps de suscripción.** Se paga una suscripción mensual o anual por el uso de los contenidos o servicios de la aplicación.

ACTUALIZACIÓN DE APLICACIONES:

1. **Accede a la tienda de aplicaciones:** Abre la tienda de aplicaciones correspondiente a tu sistema operativo (Google Play Store para Android, App Store para iOS).
2. **Verifica actualizaciones pendientes:** Busca la sección que muestra las actualizaciones pendientes para tus aplicaciones.
3. **Actualízalas:** Puedes actualizar todas las aplicaciones a la vez o algunas aplicaciones específicas.
4. **Introduce contraseña o PIN:** Quizá debas ingresar la contraseña de tu cuenta para confirmar la actualización.
5. **Descarga e instala:** Una vez confirmada, las aplicaciones se descargarán e instalarán automáticamente.

Después, tendremos que **personalizar la configuración del teléfono**: el idioma, la fecha y la hora, los tonos de notificación, las cuentas de correo electrónico, etc. Es importante realizar una **copia de seguridad**.

DATOS

Los sistemas operativos mayoritarios en la actualidad son:

- **Android**, de Google, que cuenta con un 70,88 % de todos los teléfonos operativos en el mundo.

- **IOS**, de Apple, con un 28,42 %.

- Otros sistemas minoritarios como **KaiOS** o los sistemas de los *features phones* de Nokia y Samsung se quedarían con el 0,7 %.

Cómo crear contraseñas robustas
y activar la verificación en dos pasos.

Actualmente, solemos dar más **prioridad a la comodidad y usabilidad** en nuestros dispositivos que a **proteger la privacidad y seguridad**, por lo que guardamos en la memoria del dispositivo las contraseñas de apps, plataformas y sitios webs o, incluso, tenemos la misma para todos los servicios. Pero estas prácticas aumentan la probabilidad de que aparezcan más riesgos, por lo que debemos comenzar con lo más importante: **crear contraseñas para cada dispositivo y plataforma**.

En cuanto a los dispositivos de nuestros hijos, **es fundamental configurar la huella o un patrón de desbloqueo, y una contraseña fuerte y segura**, que al mismo tiempo sea fácil de recordar.

APRENDED JUNTOS A CREAR CONTRASEÑAS SEGURAS Y A PROTEGER EL DISPOSITIVO CON UN PIN, PATRÓN O HUELLA DIGITAL

Las contraseñas robustas y seguras cumplen algunos requisitos básicos. Primero, han de ser largas, esto es, deben tener al menos ocho caracteres alfanuméricos. Además, deben ser únicas y difíciles de adivinar, por lo que es mejor evitar palabras comunes y utilizar combinaciones de letras, números y símbolos en lugar de solo letras o números. Un truco para crear y memorizar más fácilmente una contraseña es **utilizar reglas mnemotécnicas**, es decir, elegir una frase que te sea fácil de recordar (por ejemplo, de tu canción, película o libro preferido) y coger la primera letra de cada palabra. A esta palabra sin significado aparente, ya solo tendríamos que añadir el número y el símbolo:

Educación Digital para familias
+ un número + un símbolo
EDPF5@

Y para distintas plataformas podríamos añadir, por ejemplo, la inicial de cada canal o servicio:

EDPF5@G (para Gmail)
EDPF5@I (para Instagram)
EDPF5@F (para Facebook)

Además, siempre que sea posible, debemos incluir la **verificación en dos pasos,** una medida de seguridad adicional que se utiliza para proteger una cuenta o un servicio. Requiere que el usuario proporcione dos ítems de información para acceder a la cuenta o servicio, como una contraseña y un código de verificación enviado a un dispositivo móvil, o una pregunta de seguridad. De esta manera, incluso si alguien obtiene la contraseña, no podrá acceder a la cuenta o servicio sin tener acceso al segundo factor de verificación.

La verificación en dos pasos es una **medida de seguridad efectiva** para proteger las cuentas y servicios contra el acceso no autorizado y se recomienda utilizarla siempre que esté disponible. Sin embargo, es importante recordar que esta medida no es infalible y que las cuentas y servicios aún pueden ser vulnerables si los usuarios no siguen buenas prácticas de seguridad en internet, como utilizar contraseñas seguras y proteger sus dispositivos móviles.

RECUERDA

Es importante no utilizar la misma contraseña para varios servicios o cuentas, ya que, si una contraseña se descifra, todas las cuentas asociadas a ella también estarán en riesgo.

Por último, es preciso recalcar que, al igual que hacemos en los portátiles u ordenadores de sobremesa, **con los dispositivos móviles también es necesario instalar un sistema antivirus**. Y, además, debemos evitar las versiones gratuitas, ya que estas muchas veces no son capaces de detectar ciertos programas maliciosos o actividades ilícitas.

Las herramientas para lograr
el bienestar digital familiar.
Cómo configurar **Family Link**.

El control parental es, **como forma de mediación parental**, el conjunto de herramientas que utilizamos (apps, plataformas, filtros) para **monitorizar la actividad digital de nuestros hijos, controlar los riesgos que pueden encontrar en la red y asegurar su bienestar digital**. De las acciones específicas que presentan la mayoría de los servicios, destacan los siguientes:

- **Restringir** el acceso a ciertos sitios web y conocer la actividad digital del menor (historial de navegación).
- **Geolocalizar** su posición y crear alertas.
- **Censurar** contenidos inapropiados y sitios web no adecuados para su edad (pornografía, webs de apuestas online o que fomenten la violencia u otras conductas peligrosas).
- **Evitar** que personas desconocidas contacten con ellos (*grooming*).

–   **Limitar** las horas de uso de plataformas digitales (redes sociales, chats, etc.).

Además de la nueva funcionalidad de control parental gratuita que va a venir preinstalada en los nuevos terminales por ley, tenemos diferentes opciones para el resto de los dispositivos digitales (tabletas, consolas, etc.) que usen nuestros hijos y podemos elegir la que mejor se adapte a ellos o a las circunstancias familiares: desde los filtros o restricciones que podemos programar en el *router* de casa, los ajustes en los propios dispositivos o un *software* con funcionalidades de control parental —como muchos antivirus—, hasta controles en el navegador web y aplicaciones concretas, como pueden ser los buscadores infantiles.

DATOS

Algunas de las mejores aplicaciones de **Control Parental** son: **Family Link** de Google, **Qustodio**, **Kaspersky SafeKids**, **Control parental Screen Time**, **ESET Parental Control** y **Norton Family parental control**.

Todas estas herramientas son **especialmente útiles y eficaces** cuando decidimos darles dispositivos como tabletas o *smartphones* a **los niños con edades tempranas**, ya que aún no tienen la madurez necesaria para asumir ciertas responsabilidades y quizá no hayamos podido mantener las suficientes conversaciones en casa. Por ello, contar con unas herramientas tecnológicas que nos ayuden a poner filtros, a limitar contenidos peligrosos o inadecuados, a limitar tiempos y a bloquear publicaciones **puede dar seguridad y tranquilidad** a las familias que, además, sientan que carecen de las suficientes competencias digitales.

RECUERDA

Debemos tener muy claro que poner en marcha un sistema de control parental nunca debe excluir o sustituir la supervisión y el control real de los padres y madres. **El mejor control parental para nuestros hijos siempre seremos nosotros, sus padres**.

¿CÓMO CONFIGURAR FAMILY LINK?

Family Link es una **aplicación de control parental** creada por Google que sirve para que los padres puedan controlar de forma remota el dispositivo de sus hijos menores de catorce años, tanto su **móvil Android como su Chromebook**.

Funciona a través de **la cuenta de Google**. Como padre, vincularás la cuenta de Google o Gmail que tu hijo tiene configurada en su móvil.

PASO 1

Creación de cuentas y descarga de las apps:

- El primer paso es instalar la aplicación Family Link en el dispositivo desde el que quieras controlar los dispositivos de tus hijos. Para ello deberás disponer de una cuenta de Google. En caso de no disponer de una, puedes crearla de forma gratuita. A continuación, descarga la aplicación desde la Play Store.
- Una vez descargada, ábrela. Podrás elegir la cuenta que quieres vincular a la aplicación.
- Después se te preguntará si tu hijo/a dispone de una cuenta de Google. En caso de que NO tenga cuenta, podrás crearla al momento.
- IMPORTANTE: Tendrás que aceptar la política de privacidad y los términos de servicio de Google. Además, Google requiere un paso adicional para verificar que eres el padre, madre o tutor, que consiste en autorizar tu tarjeta de crédito, introduciendo los datos de esta. No te preocupes, Google no hará ningún cargo para realizar la verificación y tu hijo no tendrá acceso a la tarjeta sin tu permiso.

PASO 2

Instalación en el dispositivo de tu hijo/a:

- Una vez creada la cuenta de tu hijo o si ya tenía una, en la aplicación Family Link se te volverá a preguntar si tu hijo tiene una cuenta. Al darle a SÍ te preguntará quién va a utilizar el dispositivo. Escoge NIÑO, en el siguiente paso también, e inicia sesión con la cuenta que le has creado.
- Después inicia sesión con tu cuenta de padre.
- Tras revisar la configuración básica y aceptar de nuevo los términos del servicio y la política de privacidad, tendrás que activar el control parental. Dale a PERMITIR y el control parental ya estará activo en el dispositivo de tu hijo o hija. Ahora puedes configurarlo y gestionarlo desde tu dispositivo con la cuenta de administrador.

PASO 3

¿Cómo gestionar Family Link?:

- Abre la aplicación en el dispositivo con la cuenta de administrador. En la pantalla aparecerán todos los dispositivos vinculados a la cuenta familiar. Si tienes más de un hijo o más de un dispositivo, aparecerán todos en el panel principal. Ahora podrás configurar todas las opciones de control parental disponibles.

CONFIGURA LAS NOTIFICACIONES Y LOS PERMISOS DE LAS APLICACIONES

Cuida el descanso de tus hijos.

Como nos explican los especialistas, **los dispositivos móviles realmente son meros transmisores** y no son la causa, como tal, de posibles daños emocionales o psicológicos. Son **las aplicaciones que tenemos instaladas, por el diseño de sus algoritmos**, y de cuyo uso podemos abusar, las que podrían ser una **importante fuente de distrés emocional y de deterioro funcional**. Esto quiere decir que, si únicamente tuviéramos dispositivos con funcionalidades como la calculadora, la cámara, los mapas y alguna app de edición de texto, no necesitaríamos entrar y mirar el dispositivo las ciento cincuenta veces que de media se suele hacer al día.

¿Y qué es lo que hace que vayamos a consultar el móvil tantas veces para ver si tenemos un nuevo mensaje, un nuevo comentario o un me gusta en una foto? Efectivamente, **las notificaciones**. Estas **actúan como un «reforzador secundario»** que nos insta a estar siempre en alerta y pendientes para no perdernos nada de lo que sucede en el entorno digital (aumentan el sentimiento de FOMO). Por tanto, **si silenciamos (los sonidos, vibraciones, etc.) o anulamos el envío de las notificaciones, eliminamos una parte muy importante del problema.**

Y si esto lo trasladamos a cómo gestionar esos primeros dispositivos de nuestros hijos y cómo establecer normas y límites para evitar el abuso nos lleva a que debemos siempre **configurar todas las aplicaciones para limitar o eliminar el envío de notificaciones**. Además, es muy importante que, si no podemos evitar que duerman con el dispositivo fuera de su habitación (lo más recomendable), al menos, **lo pongan en silencio o en «modo avión» para que nada pueda interferir en su descanso** mientras duermen.

3

LA RESPONSABILIDAD DE LAS FAMILIAS EN LA EDUCACIÓN DIGITAL DE LOS MENORES: ORIENTA, ACOMPAÑA Y SUPERVISA SU ACTIVIDAD DIGITAL

A los niños que suelen leer cómics o ver películas de Marvel les resultará familiar esta frase, ya que se ha convertido en un símbolo de Spiderman (aunque realmente es una antigua cita de época romana que hacía alusión a la espada de Damocles):

«Un gran poder conlleva
una gran responsabilidad».

Y si este pensamiento, además del hombre araña, lo han usado en sus reflexiones algunos políticos, periodistas o incluso reyes, pues también nosotros lo podemos rescatar, en nuestro caso, para hablar de la tecnología.

Porque sí, un móvil, como hemos visto a lo largo de este libro, es una herramienta tecnológica muy potente, ¡un gran poder que cabe en una sola mano! Y, por ello, además de la educación previa en las competencias digitales necesarias para poder comenzar a utilizarlo y el compromiso de acordar el **CONTRATO FAMILIAR PARA EL BUEN USO DEL MÓVIL**, después tendremos que pensar que será imprescindible que las familias hagamos una supervisión de la actividad que tenga el menor. **Entregar el móvil, firmar el acuerdo y olvidarnos no es una opción.**

LA MEDIACIÓN PARENTAL

Cómo, cuándo y por qué usan nuestros hijos la tecnología.

Las familias velamos en todo momento por la salud y el bienestar de nuestros hijos. Les educamos, les dotamos de alimento y les cuidamos. Pero, además, hoy día, en plena era de la digitalización, aparece un nuevo término asociado con la labor de los padres y las madres: **la mediación parental**. Se trata del mecanismo por el cual **los responsables del menor lo acompañan en su proceso de alfabetización digital**, lo educan para que realice un uso responsable y seguro de las nuevas tecnologías y velan por impedir que los riesgos de la tecnología se materialicen, y, en caso necesario, ofrecen soluciones.

Tenemos que acompañar a nuestros hijos en el proceso de alfabetización digital, que debe ser progresivo. El objetivo es que ellos puedan **gestionar su actividad en la red de forma segura, saludable y responsable**.

El **INCIBE**, **Instituto Nacional de Ciberseguridad** (España), y su programa para familias, docentes y menores, **Is4Kds**, establece dos tipos de medidas que podemos establecer cuando hacemos Mediación Parental con nuestros hijos:

1. **Mediación activa: supervisión, acompañamiento y orientación.**

   Esto significa la implicación de los padres antes, durante y después de que los menores utilicen la tecnología, ya sea un móvil o la navegación por internet, hablándoles de los riesgos, del respeto digital, de la netiqueta y, en general, de cómo debe hacerse un buen uso de las pantallas.

2. **Mediación restrictiva: establecer reglas y límites.**

   Para que los menores aprendan progresivamente a navegar con seguridad y finalmente puedan utilizar sus propios dispositivos sin la compañía de un adulto, es necesario establecer unas normas que deben siempre adaptarse a su edad y madurez. Aquí entraría el uso, por ejemplo, de las herramientas de control parental y de los contratos para el buen uso del móvil, como el que vamos a desarrollar en este libro.

En su página web, www.incibe.es/menores/familias, además de ofrecernos muchos recursos e información para saber cómo debemos gestionar el uso de las pantallas con nuestros hijos, también nos dan unas pautas en cuanto a **cómo podemos adaptar las distintas fases del acompañamiento según las edades** de nuestros hijos:

Preadolescentes, de diez a trece años:

- **Entornos más abiertos:** Poco a poco iremos eliminando las restricciones y límites de los dispositivos que han usado a edades más tempranas y ampliando su capacidad de decisión en cuanto a los contenidos, adaptando los controles parentales existentes.
- **Establecer normas en familia:** Las normas deben ir adaptándose al desarrollo del menor y ser consensuadas, de este modo será más fácil que se comprometan y las acepten. Incidiremos especialmente en temas como el respeto a los demás, la reflexión antes de publicar y ser selectivo con los contactos que se agregan.
- **Establecer criterios para su primer móvil:** A pesar de la presión social, debemos valorar si el menor es suficientemente maduro como para tener

su propio teléfono móvil. Llegado el momento, consensuar las normas de uso y tratar con ellos los posibles problemas y consecuencias que se pueden dar.

- **Prevención ante los problemas más comunes:** Es en esta franja de edad cuando los casos de *ciberbullying* aumentan, debido a la entrada en las redes sociales. Del mismo modo, aparece la curiosidad por la sexualidad, trayendo consigo riesgos como *sexting* o *grooming*. Por ello, es importante trabajar estas temáticas de manera anticipada para estar preparados ante posibles incidentes, fomentando que acudan a nosotros si existe un problema.

Adolescentes y jóvenes, de catorce años en adelante:

- **Mayor autonomía:** Las restricciones y controles parentales a estas edades pierden poco a poco su utilidad, por lo que impulsaremos su responsabilidad sobre los contenidos o temáticas que puedan atraer su curiosidad, como violencia, pornografía, modas dañinas y comunidades peligrosas.

- **Uso responsable de las redes sociales y la mensajería instantánea:** Su principal motivación para utilizar internet es el contacto con otras personas, habitualmente a través de las redes sociales y la mensajería, y a esta edad ya pueden tener perfil en estas plataformas (según estipula el RGPD en España). Deben ser conscientes y críticos con la información personal que publican, priorizando el respeto a los demás.

- **Mantener una reputación positiva:** Es necesario incidir en estas edades en la imagen de sí mismos que están trasladando a través de internet y en las consecuencias que puede tener tanto en la actualidad como en el futuro.

- **Consenso en las nuevas normas:** De nuevo, normas y restricciones deben tender hacia una mayor libertad y autonomía. Los pactos familiares son útiles para que las normas sean aceptadas por los menores, siendo parte activa en las decisiones.

«Nosotros apostamos por la autonomía gradual, por acompañarlos y ayudarlos a crear pensamiento crítico; poner límites genera conflicto en las familias, pero es necesario.

En la adolescencia siempre hay amenazas, no existe el riesgo cero. Por eso lo más importante es preparar a nuestros hijos y que vayan viendo que lo que hacen en su vida digital tiene consecuencias».

BEATRIZ MARTÍN,
DIRECTORA GENERAL DE FAD JUVENTUD

¿Y cómo debemos supervisar a nuestros hijos? ¿Qué diferencia hay entre espiar y proteger a nuestros hijos?

En el acompañamiento, si solo vigilamos y controlamos, nuestros hijos se sentirán espiados, como si les hubiéramos instalado un *spyware* en sus dispositivos. **Espiar no es educar.** En cambio, si les explicamos por qué manifestamos tanto interés en saber lo que hacen, si supervisamos, si lo hablamos, si compartimos nuestra experiencia, nuestros propios fallos y errores, todo aquello que vamos aprendiendo, se sentirán parte del proceso.

Por ello, tal y como os vamos a recomendar cuando vayáis a establecer las normas y límites para el uso del móvil, si lo hacéis siguiendo paso a paso **el capítulo de EL CONTRATO FAMILIAR PARA EL BUEN USO DEL MÓVIL**, siempre será en compañía y colaboración de los propios menores.

Como ya hemos comentado en apartados anteriores, el **control parental** es, como forma de mediación parental, el conjunto de herramientas que utilizamos (apps, plataformas, filtros) para monitorizar la actividad digital de nuestros hijos, controlar los riesgos que pueden encontrar en la red y asegurar su bienestar digital. Son muy útiles si decidimos dar el móvil a nuestros hijos a edades más tempranas y este no es un «móvil tonto», como definíamos en el primer capítulo del libro, sino un *smartphone*, por lo que requerirá que les protejamos de los posibles riesgos que puede traer internet: bloqueando las posibles webs de contenido para adultos o contenidos inapropiados (pornografía, alcohol, apuestas online, violencia, etc.), limitando el uso de apps y/o juegos online, o bloqueando otros no apropiados para su edad. Hay controles parentales como Family Link o Qustodio con los que podemos poner límites horarios para cada plataforma e incluso gestionar estos horarios para que, por ejemplo, en época de exámenes sean más reducidos o estrictos y en vacaciones sean más abiertos o relajados.

Pero **si basamos nuestra educación digital en los sistemas de control parental o solamente lo hacemos a través de ellos será difícil tener éxito**. Nuestros hijos no verán vídeos de YouTube ni chatearán con sus amigos a las dos de la mañana tan solo porque es el control parental el que los deja sin conexión, no porque entiendan que el uso de dispositivos por la noche afecta a la segregación de melanina y altera el sueño. El día que en casa de un amigo, en el colegio o con otro dispositivo diferente al suyo se encuentren con contenido pornográfico no nos lo dirán porque, como sabemos que con los sistemas de control parental nunca van a exponerse a contenido inapropiado, es probable que no hayamos hablado de ello en casa y no les habremos explicado por qué su consumo, a su edad, puede afectarles negativamente.

Por tanto, nuestro objetivo siempre ha de ser el de

educar. **Educar y formar, y cuanto antes mejor, para que nuestros hijos adquieran unos conocimientos, unos recursos, el espíritu crítico necesario y acaben siendo autónomos en su vida digital.** Y lo mejor es conversar, hablar mucho en casa, normalizar el uso de la tecnología, abordar los riesgos, pero también las oportunidades; en pocas palabras, convertirnos en los mejores referentes para nuestros hijos, con y sin tecnología.

PORQUE EL MEJOR CONTROL PARENTAL PARA NUESTROS HIJOS SIEMPRE SEREMOS NOSOTROS, SUS PADRES

¿Y si nosotros no sabemos lo suficiente de tecnología para enseñarles?

Muchas familias están desbordadas y preocupadas por el uso abusivo y muchas veces problemático que están haciendo los niños y adolescentes de las pantallas durante los últimos años y, derivado de ello, el **aumento de los problemas tanto físicos como emocionales de los menores.**

Además, no haber crecido rodeados de tecnología como ellos y no ser expertos en informática o digitalización hace que muchos padres y madres crean que nunca van a poder educar y acompañar a sus hijos en este nuevo entorno. Pero tan solo hace falta que estemos al día y que **busquemos información y recursos para poder ayudarlos** a configurar la privacidad y seguridad de sus dispositivos y perfiles digitales.

El resto se lo transmitimos cada día a través de **los valores familiares**, cuando dialogamos y conversamos con ellos sobre lo que significa el respeto, la empatía, la responsabilidad, la honestidad, la solidaridad, el esfuerzo, la igualdad y la inclusión, el cuidado del medio ambiente, de la salud, de la familia y de la amistad... Son los valores que inculcamos a nuestros hijos que, ahora también, deben poner en práctica en el entorno digital.

> «Nuestros hijos nos imitan. Debemos ser sus referentes tanto con la tecnología como sin ella».

RECUERDA

La prevención de riesgos implica la educación en valores. Educar es siempre la mejor forma de protegerles, ya que prohibir el acceso a la tecnología es solo una medida temporal que lo que hace es retrasar nuestra labor y obligación como padres de prepararlos para un buen desempeño de su vida digital.

1. Cuida tu privacidad, tu identidad y tus datos

Desde que nacemos, **todos comenzamos a tener una identidad** y esta se va definiendo según la familia donde hemos nacido, el barrio, la ciudad o el país donde residimos, el colegio donde estudiamos y los amigos que tenemos, etc. Y es por ello por lo que la forma de certificar quiénes somos sea nuestro DNI: un documento de identidad. Ahora, en el entorno digital, tenemos que pensar que también vamos a tener una identidad y esta puede incluir información como nuestro nombre, mail, fotos de perfil, la actividad en redes sociales, comentarios en foros o compras online, entre otros datos.

Algunas personas pueden **optar por tener una única identidad digital** que utilizan de manera coherente en todas las plataformas digitales, mientras que **otras prefieren tener múltiples identidades digitales**: por ejemplo, una para interactuar con amigos y familia en las redes sociales, otra identidad digital para su carrera profesional y tal vez una identidad digital anónima para participar en comunidades y foros donde prefieren mantener su privacidad.

Lo importante cuando comenzamos a conversar sobre esto en casa con nuestros hijos es que tienen que tratar de que **no haya una gran disonancia** entre la personalidad, los gustos y el comportamiento que tienen **en el entorno físico** y el que quieren mostrar **en el entorno digital**. Ya que esa «distancia de perspectiva» podría causarles **desajustes emocionales**.

Además, una de las costumbres que tienen hoy día adolescentes y jóvenes es **documentarlo todo con sus móviles**, tanto lo bueno como lo malo, y, a pesar de utilizar herramientas como mensajes o vídeos efímeros que piensan que les asegura un total control de su privacidad, cualquier acto los puede acompañar por el resto de sus días. **Es lo que conocemos como huella digital**. Y esto, **la sobreexposición en internet**, es la máxima preocupación que las familias tienen en la actualidad, por encima del uso abusivo u otros riesgos como el *ciberbullying* o el *grooming*. Y tiene todo el sentido, ya que hacer un uso no seguro o problemático de internet o los medios sociales es lo que puede traer como consecuencia el resto de peligros asociados a las nuevas tecnologías (*sexting*, sextorsión, acoso digital, etc.)..

También tenemos que saber que la manera en que funcionan los dispositivos móviles actualmente hace que **generen una huella digital más indiscreta**. Los *smartphones* reducen la capacidad de los usuarios de conectarse de forma anónima, ya que son los desarrolladores quienes tienen todo el control de la información que se envía a otros servicios o terminales. Es más, muchas veces los servicios de localización están habilitados por defecto o se incluyen en un conjunto de permisos que se solicitan al usuario al instalar la aplicación, por lo que **podríamos ser geolocalizados al momento por cualquier persona**.

Además de esto, están **los llamados metadatos que vienen implícitos en las fotografías y vídeos que hacemos con nuestros dispositivos**. Por ellos se sabe información como a qué hora fue tomada la imagen, en qué fecha, con qué teléfono y en qué ubicación. Hay plataformas como Facebook, Instagram o Twitter que cuidan más la privacidad de sus usuarios y borran los metadatos de las fotografías y vídeos antes de ser publicados en sus perfiles (aunque sí guardan esa información, ojo, para poder «mejorar sus servicios y desarrollar otros»). Pero otras, como Flickr o Tumblr, o incluso el propio Google, no, ya que no alteran los archivos y conservan todos los metadatos.

Pero los metadatos no solo se encuentran en fotografías o vídeos, sino que están presentes en cualquier tipo de archivo digital, incluidos los textos o los PDF, por lo que, a la hora de pensar en **cuidar nuestra huella digital y las posibles crisis de reputación** que nos puedan causar, también tendríamos que pensar en **cualquier contenido que subamos a la red.**

POR SI OS AYUDA

Padre: Hola, ¿te parece si charlamos un momento? Hay algo sobre lo que he estado pensando y me gustaría saber tu opinión.

Hijo (doce años): Claro, ¿qué pasa?

Padre: Bueno, he estado pensando en lo mucho que han cambiado las cosas desde que yo era joven, especialmente con todo esto de internet y las redes sociales. ¡Es increíble cómo podemos estar conectados con tanta gente!

Hijo: Sí, es genial poder ver lo que hacen los demás y compartir cosas.

Padre: Exactamente, y eso me lleva a lo que quería hablar contigo. Compartir en las redes sociales puede ser muy divertido, pero también es importante ser consciente de qué tipo de información compartimos en la red. He estado pensando en cómo podemos asegurarnos de que estás seguro mientras usas las redes sociales. ¿Tú qué piensas sobre eso?

Hijo: Pues no sé. Supongo que no debería compartir cosas importantes o privadas, ¿verdad?

Padre: Correcto, eso es muy importante. Me alegra que lo entiendas. Es fundamental ser cuidadoso con la información personal que compartes, como dónde vives, a qué escuela vas, o incluso detalles que puedan identificar a nuestra familia o nuestra casa. ¿Alguna vez has pensado en eso cuando usas las redes sociales?

Hijo: No mucho, la verdad. Solo comparto cosas con mis amigos, cosas como lo que hago o si voy a algún sitio divertido.

Padre: Entiendo, y está bien compartir momentos felices con tus amigos. Solo quiero asegurarme de que también pienses en tu privacidad y seguridad. A veces, sin querer, podemos compartir más de lo que deberíamos. ¿Cómo te sientes al respecto?

Hijo: No había pensado mucho en eso. Supongo que debería tener más cuidado.

Padre: Me alegra que lo veas así. ¿Qué te parece si juntos revisamos la configuración de privacidad de tus cuentas de redes sociales para asegurarnos de que solo compartes información con personas que conoces y en quienes confías? Y que, además, no tienes las opciones de geolocalización activadas.

Hijo: Eso suena bien. No estoy seguro de cómo hacerlo, así que me ayudaría que lo hiciéramos juntos.

Padre: Perfecto, podemos hacerlo más tarde. Y recuerda, siempre estoy aquí para ti si tienes preguntas o si alguna vez te sientes incómodo con algo que veas o experimentes en internet. Es importante que tengas confianza y no pienses que podemos regañarte por algo, ¿vale?

Hijo: Gracias, papá. Eso me hace sentir mejor.

Padre: De nada, hijo. Me importan mucho tu bienestar y tu seguridad. Hagamos de este un aprendizaje compartido.

También tenemos que saber que, aunque todas las empresas tecnológicas deben **cumplir la legislación vigente en cuanto a protección de datos** según el país en el que operan, muchas veces el vacío legal hace que algunas de ellas puedan poner en riesgo nuestra privacidad y la de nuestros datos. Un ejemplo de ello ocurrió a comienzos de 2024 con la empresa Worldcoin y el escaneo de iris, que consiguió captar a miles y miles de adolescentes que **vendieron «inconscientemente» sus datos biométricos** a cambio de una criptomoneda por el valor de setenta euros (¡70 €!).

2. El porno no educa, hablad de sexualidad y relaciones afectivas en casa

Cuando hablamos de menores, otro de los riesgos que preocupa a las familias **acceso a webs para adultos, especialmente a contenidos pornográficos**, ya sea porque se los encuentran de manera involuntaria navegando por la web o porque acceden a ellos sin nuestro conocimiento. Además, el hecho de que cada vez **dispongan de dispositivos móviles a edades más**

tempranas y sin ninguna supervisión familiar aumenta exponencialmente el riesgo de acceder a estos contenidos inapropiados.

Como nos dice la especialista Anna Plans, «se debería empezar a hablar con los hijos sobre pornografía a partir del momento en que suban a un autobús escolar, estén en el colegio, se relacionen con otros niños o tengan acceso a internet a través de cualquier dispositivo. La experiencia me dice que lo antes posible, siempre **con un discurso adaptado a la edad del niño o de la niña** y a las preferencias de los padres, por supuesto. Y, además, **es importante poner filtros o controles parentales** a edades tempranas para prevenir el acceso accidental, y siempre **actuar nosotros mismos como "controles externos" hasta que ellos sean capaces de pilotar solos.** Cuando son mayores, se convierten ya en expertos hackeadores capaces de saltarse la mayoría de los filtros».

Por tanto, hablemos y dialoguemos con nuestros hijos sobre **sexualidad y relaciones afectivo-sexuales en casa para lograr su bienestar y desarrollo saludable**. Ayudémosles a establecer una base sólida de conocimientos y valores que los guiará en la formación de relaciones sanas y consensuadas. Al abordar estos temas de manera proactiva, las familias pueden ofrecer una **alternativa educativa y realista al contenido pornográfico**, asegurando que los adolescentes estén mejor preparados para navegar por sus vidas afectivas y sexuales de **manera informada y respetuosa**.

POR SI OS AYUDA

Madre: Hola, ¿tienes un momento para charlar? Hay algo importante sobre lo que creo que deberíamos hablar.

Hija (once años): Claro, mamá, ¿qué pasa?

Madre: Bueno, sé que estás creciendo y con eso vienen muchos cambios, tanto en tu cuerpo como en la forma en que ves el mundo. Quiero que sepas que siempre puedes preguntarme lo que quieras sobre estos cambios.

Hija: ¿A qué cambios te refieres?

Madre: Me refiero a la adolescencia y todo lo que viene con ella, como los cambios físicos en tu cuerpo, los sentimientos nuevos y cómo interactuamos con los demás. Es un tema amplio que incluye la educación sexual. Es normal tener curiosidad sobre estos temas.

Hija: Oh, eso. Algunos amigos ya han hablado de eso, pero es un poco confuso.

Madre: Entiendo que puede ser confuso y es exactamente por eso por lo que quiero que tengamos esta conversación. La educación sexual no se trata solo de cómo cambian nuestros cuerpos, sino también de comprender nuestros sentimientos, respetar a los demás y tomar decisiones saludables y seguras.

Hija: ¿Qué tipo de decisiones?

Madre: Por ejemplo, comprender la importancia del consentimiento, respetar nuestros propios límites y los de los demás, y la importancia de la privacidad y la seguridad en las relaciones. También incluye saber cómo cuidar de tu cuerpo y tu bienestar emocional. Además, es importante que entiendas que la pornografía no es la forma para aprender sobre todas estas cosas, ya que no es un ejemplo ni real ni saludable para ello.

Hija: Es complicado, ya que todos los chicos de clase hablan sobre ello y siempre nos dicen cosas que ni entendemos.

Madre: Puede parecerlo, pero no tienes que entenderlo todo de una vez. Estoy aquí para ayudarte con todos estos temas poco a poco. Lo más importante es que sepas que puedes hacerme cualquier pregunta, sin importar lo embarazosa o difícil que creas que es.

Hija: ¿Y si tengo preguntas que me dan vergüenza?

Madre: También puedes preguntármelas. Prometo que te responderé de la manera más abierta y honesta posible. Si hay algo que no sé, lo investigaremos juntas. Es importante para mí que tengas la información correcta y te sientas segura y apoyada.

Hija: Está bien, mamá. Gracias por hablar de esto. Creo que tengo algunas preguntas, pero tengo que pensar en cómo expresarlas.

Madre: Y está perfectamente bien. Cuando estés lista para hablar o tengas esas preguntas, aquí estaré. Lo importante es que sepas que este es un espacio seguro para ti.

3. Para prevenir los riesgos de la «dictadura de los *likes*», fomentad la autoestima de vuestros hijo/as

Entendemos por la «dictadura de los *likes*» a la presión que sienten los usuarios de redes sociales, especialmente los adolescentes y jóvenes, para **obtener aprobación y reconocimiento a través de los «me gusta» de las redes sociales**, los comentarios y seguidores. Esta búsqueda constante de validación externa puede **afectar negativamente su autoestima y bienestar emocional**, ya que basan su valor en la **aceptación social digital** en lugar de en sus **cualidades intrínsecas** y logros personales.

La clave para contrarrestar la dictadura de los *likes* es asegurarse de que los más jóvenes sepan que su valor no lo determina la aprobación digital de personas desconocidas. Una autoestima sólida les permite enfrentar desafíos, superar fracasos y resistir la presión de grupos, incluida la dictadura de los *likes*. Por ello, fomentar la autoestima y el **reconocimiento de sus verdaderas cualidades** los ayudará a utilizar las redes sociales de una manera saludable y con una perspectiva equilibrada, aunque se enfrenten a los contenidos de *influencers* de vidas «aparentemente perfectas».

POR SI OS AYUDA

Madre: Hola cariño, ¿tienes un momento para que charlemos un poco, solo tú y yo?

Hija (trece años): Claro, mamá, ¿qué pasa?

Madre: Bueno, he estado pensando en lo importante que es hablar sobre nuestras experiencias en las redes sociales. Cuando era joven, no teníamos acceso a todas estas plataformas y me imagino que debe de ser un mundo completamente diferente para ti.

Hija: Sí, supongo. Hay cosas divertidas, pero a veces puede ser un poco demasiado.

Madre: Eso es justo lo que me preocupa. Veo que sigues a muchas *influencers* que hablan sobre belleza, moda y sus estilos de vida.

Y, aunque algunas publicaciones pueden ser inspiradoras, me pregunto cómo te sientes al ver estas vidas que parecen tan perfectas.

Hija: No sé. A veces creo que mi vida no es tan interesante o que debería verse de cierta manera.

Madre: Comprendo cómo te sientes y quiero que sepas que es normal sentirse así a veces. Las redes sociales pueden dar una imagen distorsionada de la realidad porque muestran los momentos felices y perfectos. Pero todos tenemos días buenos y malos, y está bien no tener una vida «perfecta» como lo que vemos en Instagram o TikTok.

Hija: Sí, pero es difícil no compararme.

Madre: Lo sé, y es algo con lo que muchos de nosotros luchamos, no solo los adolescentes.

Lo importante es recordar que tu valor no viene de cómo te ves o de lo que tienes, sino de quién eres por dentro. ¿Crees que estas imágenes en las redes sociales están afectando a cómo te sientes contigo misma o con tu vida?

Hija: Tal vez un poco. A veces me siento mal si no tengo la ropa que ellas usan o si no hago cosas interesantes todo el tiempo.

Madre: Te entiendo, y es un sentimiento completamente válido. Quiero que sepas que puedes hablar conmigo sobre estos sentimientos en cualquier momento. ¿Qué te parece si buscamos juntas maneras de apreciar lo que tenemos y quiénes somos, más allá de lo que vemos en las redes sociales?

Hija: Eso suena bien. Me gustaría.

Madre: Excelente. Y recuerda, siempre estoy aquí para ti, para apoyarte y quererte tal como eres. Las redes sociales son solo una pequeña parte de nuestro mundo y no deberían definir cómo nos sentimos respecto a nosotros mismos o nuestras vidas.

Hija: Gracias, mamá. Me siento mejor hablando de esto contigo.

Madre: Me alegro, cariño. Siempre podemos hablar de cualquier cosa que te preocupe. Juntas podemos navegar por este mundo de las redes sociales de una manera saludable.

4. Ni FOMO ni Nomofobia, educadlos para tener autocontrol

Aunque vais a encontrar estos términos en el glosario, adelanto aquí sus definiciones para poder tratar el tema que nos ocupa:

- **FOMO:** Se refiere al miedo o ansiedad de perderse eventos, experiencias o interacciones sociales que otros podrían estar teniendo en internet. Esto puede llevar a una constante necesidad de estar siempre conectados a las redes sociales.

- **Nomofobia:** El término describe el miedo irracional a estar sin el teléfono móvil o quedarse sin batería. Puede incluir la ansiedad por perderse llamadas, mensajes o notificaciones.

Es por esto por lo que educar a nuestros hijos para que **desarrollen el autocontrol en el uso de sus dispositivos móviles y redes sociales** es crucial para su **bienestar emocional y mental.**

Para ello, deberemos establecer límites horarios de uso de la tecnología, fomentar diferentes **alternativas sin pantalla** y conversar en familia sobre los riesgos, desafíos y retos de la vida digital para ayudar a nuestros hijos a tener una actividad en el mundo tecnológico de **manera más segura y más consciente.**

Lo más importante es lograr el **equilibrio entre las horas en las que están conectados**, ya sea para sus momentos de socialización, comunicación, ocio o aprendizaje, y el **desarrollo de actividades saluda-bles**, como el deporte y las **relaciones interpersonales con la familia y con los amigos**, en el entorno físico.

POR SI OS AYUDA

Madre: Hola ¿tienes un momento? Me gustaría hablar contigo sobre algo importante.

Hija (catorce años): Claro, mamá, ¿qué pasa?

Madre: He estado pensando en lo mucho que usamos nuestros móviles y cómo esto nos afecta. Y quiero asegurarme de que estás teniendo una relación saludable con tu móvil, especialmente considerando cuánto tiempo pasamos conectados.

Hija: Entiendo, pero creo que lo manejo bien.

Madre: Me alegra oír eso y confío en ti. Solo me preocupa que a veces el uso excesivo del móvil puede afectarnos de maneras que no notamos de inmediato, como en nuestras emociones, nuestras relaciones sociales e incluso en el colegio. ¿Has notado algo así últimamente?

Hija: Bueno, no estoy segura. A veces me quedo despierta hasta muy tarde usando el móvil, y al día siguiente estoy cansada.

Madre: Pues eso es algo importante de lo que debemos hablar. El descanso es fundamental para tu bienestar y tu capacidad para concentrarte en el colegio. Además, estar constantemente conectada puede ser agotador emocionalmente. ¿Cómo te sientes después de pasar mucho tiempo en el móvil?

Hija: A veces me siento un poco sola o triste, especialmente cuando veo fotos de otras personas divirtiéndose.

Madre: Entiendo cómo te sientes y quiero que sepas que es normal. Las redes sociales pueden dar una imagen distorsionada de la realidad. Lo más importante es cómo te hace sentir a ti el uso que haces del móvil. ¿No crees que podría ser útil intentar limitar ese tiempo para ver si así te sientes mejor?

Hija: Podría intentarlo, pero no sé cómo empezar.

Madre: Podemos hacerlo juntas. Podríamos establecer algunos límites saludables, como apagar el móvil una hora antes de dormir y tener momentos durante el día sin móvil para hacer otras actividades que disfrutes.

Hija: Creo que sí debería hacerlo. Me gustaría

intentar algunas actividades sin móvil, como volver a ir a baile.

Madre: Perfecto, me alegra que estés dispuesta a hacerlo. Y recuerda, estoy aquí para apoyarte, no solo para hablar sobre el uso del móvil, sino sobre cualquier cosa que te preocupe o afecte.

Hija: Gracias, mamá. Me siento mejor al hablar de esto contigo.

Madre: Siempre estaré aquí para ti. Trabajemos juntas en encontrar el equilibrio adecuado para que te sientas feliz y sin riesgos.

5. Aplicaciones y redes sociales que ponen en peligro la seguridad de nuestros hijos. ¡Conócelas!

Es importante que seamos conscientes de que cuando nuestros hijos comienzan a tener dispositivos digitales, además de querer tener presencia en apps y redes sociales que nosotros conocemos, como Instagram o TikTok, a veces, sin nuestro consentimiento ni autorización, **entran en otras porque lo hacen sus amigos o las descubren en la red**.

Estas plataformas son **redes para mayores de diecisiete años**, como así se expone en sus Políticas de Privacidad, pero, en la práctica, la mayoría de sus seguidores son menores de edad, lo que puede poner en riesgo la integridad tanto física como psicológica de nuestros hijos.

Algunas de estas aplicaciones son:

- **Likke** (+ 17 años): una herramienta para crear, editar y compartir vídeos cortos, muy utilizada por menores, pero que no ofrece medidas de seguridad ni de privacidad, además de difundir gran cantidad de contenidos, no solo inapropiados para niños, sino incluso peligrosos...

- **Spotafriend** (+ 17 años): una app para hacer amigos y conectar con personas cercanas que en la práctica se usa como un «Tinder para adolescentes». Además, como ocurre con otros canales, cualquier aplicación que aliente a los niños a formar conexiones con extraños es peligrosa, ya que detrás de un perfil social puede haber un adulto tratando de conectar con los menores.

- **F3**, **AskFM** y **ThisCrush** (+ 17 años): redes que promueven el dejar mensajes o respuestas de manera privada o bien de forma pública, tanto con su nombre real o anónimamente, a la «pregunta del día», y se puede hacer en forma de texto, vídeos o fotos. Pero la plataforma se ha llenado de insultos y amenazas, siendo una de las redes que más fomenta hoy día el *ciberbullying*.

- **Creepy**: herramienta muy usada por los adolescentes que extrae la información, accediendo a la información de geolocalización accesible desde los datos públicos de cualquier cuenta de Twitter o Flickr. Tan solo hay que introducir el nombre en el buscador y pulsar el botón de «geolocalizar» y te muestra dónde se encuentra la persona en el mapa.

4

CONTRATO FAMILIAR PARA EL BUEN USO DEL MÓVIL. GUÍA PARA CREARLO PASO A PASO

En el año 2013, Farah Miller, editora de la escritora y *coach* norteamericana Burley Hofmann, compartió en el blog del Huffington Post el «modelo de contra-to» que esta había hecho para el primer móvil de su hijo Gregory, de trece años. Tras ser publicado en X, en menos de veinticuatro horas se hizo viral en las redes sociales y todos los medios de comunicación.

Junto a este conjunto de normas y reglas, que no solo servían para el nuevo iPhone, sino para muchos otros ámbitos del aprendizaje de los hijos, tal y como cuenta en su libro, nos dejaba una importante re-flexión: hasta ese momento se había mantenido in-flexible ante las peticiones de su hijo para que le comprara un dispositivo, concluyendo que «un niño no necesitaba un móvil para nada», pero lo que para ella suponía mantenerle alejado de la tecnología y, por ende, de todos los riesgos asociados a ella, no tenía esas consecuencias en la realidad. Se dio cuenta de que su hijo ya podía enviar mensajes desde su iPod, chatear desde su consola Xbox o, incluso, ¡desde los móviles de sus amigos!

Por ello, al no dejarle usar el móvil lo único que estaba consiguiendo era que ella no pudiera enseñarle a usarlo correctamente.

A partir de aquí, acordó, junto a su marido, un contrato para el buen uso de ese primer móvil. Dieciocho reglas que leyó con su hijo, que modificaron, editaron y volvieron a imprimir, porque sí, **en eso consiste la educación de nuestros hijos: en una escucha activa en la que podamos llegar a un consenso desde la conversación y el diálogo.**

Yo he querido resumir todos esos puntos en un **Contrato Familiar de diez cláusulas imprescindibles** para lograr ese **uso responsable, seguro y saludable de la tecnología**.

Espero y deseo que después de leerlas podáis **debatirlas y consensuarlas** con vuestro hijo o vuestra hija y de ahí **aceptar las condiciones y la nueva responsabilidad adquirida**.

PRIMERA CLÁUSULA:

«El móvil no es un juguete; es una herramienta que te cedemos para que la uses de forma responsable».

Tanto si hemos decidido que nuestro hijo use un móvil reutilizado nuestro como si hemos optado por comprarle un terminal nuevo, los menores deben entender que **no se trata en ningún caso de un regalo que vayan a utilizar de forma autónoma y sin supervisión**, al menos en estos primeros años.

Debemos explicarles que un móvil **no es un juguete**, sino un dispositivo tecnológico cuyo uso implica una gran responsabilidad, **no solo por los costes de este sino por todas las aplicaciones y funcionalida-**

des que tiene. Por ello, deberán ser cuidadosos de no extraviarlo o dañarlo, lo mismo que hacen con el resto de sus pertenencias personales cuando salen a la calle con ellas.

RECUERDA

Además, podría ser recomendable, incluso, que estableciéramos, si lo consideramos oportuno, que, en caso de que pierdan o rompan el móvil, tendrán que esperar para poder tener otro o ayudar con sus ahorros para comprar uno nuevo.

«Si pierdes el móvil, se golpea o se rompe, no te facilitaremos otro móvil nuevo».

También tendremos que explicarles que **el móvil es un dispositivo personal que no se comparte, se presta o se deja a terceras personas**, salvo en caso de que algún compañero o amigo tuviera que hacer alguna llamada de urgencia.

POR SI OS AYUDA

En casa les dimos el primer móvil a los catorce años y siempre han utilizado los dispositivos antiguos que nosotros teníamos cuando cambiábamos a un modelo superior por trabajo. No se los hemos regalado ni por los cumpleaños ni por Navidad ni por «buenas notas». Ahora, con dieciocho y veintitrés años, tienen un dispositivo nuevo, pero tampoco es el último modelo.

SEGUNDA CLÁUSULA:

«Mientras seas menor, el móvil no es privado. Como padres y tutores legales, conoceremos las claves de acceso».

Las familias debemos saber que, **hasta que los menores cumplen catorce años, como padres o tutores somos los responsables civiles de todas sus acciones**, ahora también en internet (de catorce a dieciocho años, además de poder ser amonestados o sancionados económicamente, tienen una responsabilidad penal por los hechos delictivos que cometen). Por tanto, **es importante supervisar su actividad digital** para asegurarnos de que están haciendo un uso correcto. Por ello, **debemos conocer las contraseñas de acceso a los dispositivos que usan**, como el móvil, y los perfiles de apps o redes sociales en los que tengan presencia, ya que, ante cualquier incidencia digital, tendremos que entrar en los dispositivos y/o las plataformas para poder **valorar los riesgos, los daños o guardar las evidencias**.

RECUERDA

Debemos tener siempre claro que supervisar la actividad digital de nuestros hijos no es equivalente a espiarles, es decir, a controlar todo lo que hablan, escriben o conversan con sus amigos.

«Los adolescentes tienen, por ley, derecho al honor, la intimidad y la propia imagen, que solo puede ceder ante el deber de vigilancia de sus padres en caso de que haya indicios razonables de riesgo (ya sea víctima o agresor). Podría considerarse una intromisión ilegítima (civil) o, incluso, un delito de descubrimiento de secretos».

BORJA ADSUARA

POR SI OS AYUDA

En casa, cuando les abrimos el perfil en su primera red social a los catorce años, que era hasta ahora la edad fijada en la que ellos podían gestionar sus propios datos, también nosotros nos abrimos uno para poder ser su contacto. Lo que hacíamos era supervisar a quién iban aceptando como contactos, porque, aunque era algo sobre lo que conversábamos mucho en familia (aceptar solo a personas que conocieran, como compañeros del colegio, amigos del barrio, amigos de vacaciones, etc.), siempre puede conllevar un riesgo de *grooming*, pues para ellos, por edad, es más difícil de detectar. Les preguntábamos frecuentemente por sus gustos, es decir, a quién les gustaba seguir y por qué, etc. Pero jamás hemos entrado, aprovechando que teníamos las contraseñas, a leer sus mensajes o conversaciones privadas. Eso hubiera roto totalmente la confianza.

IMPORTANTE

Debemos saber que la edad de consentimiento para el tratamiento de datos personales, regulada en la Ley de Protección de Datos, y, por lo tanto, necesaria para abrirse una cuenta en redes sociales, se ha aumentado de los catorce a los dieciséis años.

TERCERA CLÁUSULA:

«Mientras seas menor, supervisaremos tu actividad e instalaremos un control parental para prevenir los riesgos digitales».

Para poder hacer esta supervisión cercana dentro de lo que es **nuestro deber en la Mediación Parental, es recomendable configurar un sistema de control parental** que, por ejemplo, filtre y bloquee contenidos que puedan ser perjudiciales para los menores, establezca límites de horas en el uso de ciertas aplicaciones o desactive la wifi a partir de la hora establecida por las noches, especialmente si vamos a darles el dispositivo a edades tempranas. En los terminales nuevos que vayan a utilizar los menores, este control parental vendrá instalado por defecto, pero si reutilizamos alguno antiguo tendremos que instalar uno externo o el propio del sistema operativo.

Lo mejor es hacerlo de forma conjunta, explicándole a nuestro hijo el funcionamiento de esta herramienta y cómo la configuramos en su dispositivo. ¿Por qué? Porque, como explicábamos antes, **el objetivo no es espiar a nuestros hijos, sino protegerlo de los riesgos que pueden encontrar en la red**, y lo mejor es hacerlo acompañándolos en el proceso de aprendizaje.

IMPORTANTE

La utilización de herramientas de control parental nunca debe entenderse como un sistema «para espiar» a nuestros hijos, ya que no podemos leer sus mensajes ni comunicaciones, salvo que tengamos indicios de riesgo en su seguridad.

Eso sí, también debemos ser conscientes de que el control parental es una estupenda herramienta que **ayuda a las familias cuando dan los dispositivos a edades muy tempranas** y no tienen o la suficiente formación digital o tiempo para poder revisar y estar al día de todo. Pero pensar ya en un control parental en adolescentes de catorce, quince o dieciséis años es toda una utopía, ya que, efectivamente, a estas edades tienen acceso a redes sociales y, con ello, a toda la información para saber cómo «hackear»

el dispositivo familiar. Por ello, siempre **es más recomendable comenzar a hablar de tecnología, darles los primeros dispositivos y poner normas y límites a las edades en las que es más fácil dialogar con nuestros hijos**, y que **progresivamente vayan aprendiendo** y adquiriendo las suficientes competencias digitales para que, en un momento dado, ya puedan usar los dispositivos de forma autónoma sin necesidad de un control parental.

POR SI OS AYUDA

En casa nunca utilizamos controles parentales. Por un lado, porque, como os contaba, hasta los catorce años no dimos móviles a nuestros hijos y, por otro, porque por nuestra formación y profesión teníamos la capacidad de dedicarle el tiempo suficiente para educarles y formales. Pero, obviamente, no todos los padres pueden hacerlo, ni por tiempo ni por conocimiento de tecnología, así que para todos ellos sí puede ser de gran ayuda.

CUARTA CLÁUSULA:

«Hay unas normas y unos límites de uso que debes cumplir:

- Entre semana podrás utilizar el móvil ＿＿＿＿ horas al día.
- Los fines de semana y en vacaciones podrás utilizar el móvil ＿＿＿＿＿ horas al día.
- Mientras duermes tendrás el móvil fuera de tu habitación o en modo avión.
- No utilizarás el móvil al menos dos horas antes de irte a la cama.
- No lo llevarás al centro escolar salvo que sea estrictamente necesario, y lo harás respetando las normas del centro (apagado o en silencio)».

Nuestros hijos deben saber que, como en el resto de los ámbitos de su educación, **en el entorno digital también es necesario establecer unas normas** que puedan prevenir riesgos como el **uso abusivo**. Y para lograr este **bienestar digital** también es recomendable que nosotros, como padres, **seamos modelos en el uso de la tecnología** y, aunque podamos como adultos que somos hacer otro uso de los dispositivos, es recomendable mostrar empatía en los momentos en los que compartamos tiempo en familia.

POR SI OS AYUDA

En nuestra familia tenemos la norma de no sacar nunca los móviles en la mesa, da igual que estemos en un restaurante con gente o en familia en casa, lo mismo que cuando terminamos de cenar y tenemos un rato para ver juntos una película o serie.

QUINTA CLÁUSULA:

«No puedes descargar apps o juegos, incluidas las redes sociales, ni realizar ningún tipo de compra en internet sin consultar».

Los expertos en adicciones comportamentales nos dicen que el móvil, como dispositivo digital, **es un mero transmisor, y que lo que puede causar «enganche» o, incluso, malestar emocional** en los menores **son las diferentes apps** que tenemos dentro. Es decir, un móvil que no tiene acceso a internet ni, por tanto, redes sociales, WhatsApp, etc. no nos incita a que vayamos a consultarlo permanentemente...

Es por ello que si limitamos o prohibimos el acceso de los menores hasta cierta edad (hasta los dieciséis años, como se ha venido debatiendo durante los últimos meses) a los *smartphones*, debemos saber que esto **no va a eliminar el riesgo o problema**, ya que esos

menores, aunque sea con menos accesibilidad que con un móvil, **se podrán seguir conectando a esas mismas apps y redes sociales desde la tableta, el ordenador o la consola.**

POR SI OS AYUDA

En casa utilizamos los sistemas de control familiar que proporcionan los sistemas operativos («En familia», en el caso de IOS) para tener activada la supervisión de consentimiento o no de la compra o descarga de aplicaciones. De este modo, cada vez que alguno de nuestros hijos quería descargar un nuevo juego o app, además de pedirnos permiso, necesitaba que lo autorizáramos digitalmente.

SEXTA CLÁUSULA:

«Conoce la netiqueta, respetarás a los demás también en el entorno digital».

Y os preguntaréis: pero ¿qué es exactamente la netiqueta? Entendemos este concepto como un **conjunto de normas y recomendaciones** que se deben seguir cuando interactuamos **en el entorno digital**, especialmente en foros, redes sociales y chats. La netiqueta tiene como objetivo hacer que las interacciones online sean más **agradables y respetuosas**, y ayudar a evitar conflictos o malentendidos. Lo más importante que tenemos que trasladar a nuestros hijos es que **siempre deben tener respeto, empatía y consideración** hacia los demás cuando están **detrás de una pantalla**, al igual que lo hacen en el entorno físico.

Otras normas de la netiqueta sobre las que podemos trabajar son:

- **No publiques o compartas** fotos y vídeos **de tus amigos ni los etiquetes** en publicaciones **sin su consentimiento**.
- **Muestra respeto** en todas tus interacciones online, no utilices un **lenguaje inapropiado** en tus

mensajes y no digas cosas que a la cara no serías capaz de decir a ninguna persona.

- No publiques **contenido ilegal o inapropiado** para menores ni mandes **mensajes no deseados** a otras personas, especialmente a través de canales de mensajería instantánea.

- **No insultes, acoses, amenaces o humilles** a otras personas en el entorno digital.

- No envíes mensajes privados ni chats entre las 23.00 h y las 9.00 h, que son las **horas habituales de descanso**.

- En reuniones familiares, colegio o lugares públicos, **apaga o silencia el móvil**.

- **Respeta las normas** y las regulaciones de cada plataforma en la que te encuentres.

- **No hagas nada que no te gustaría que te hicieran a ti.**

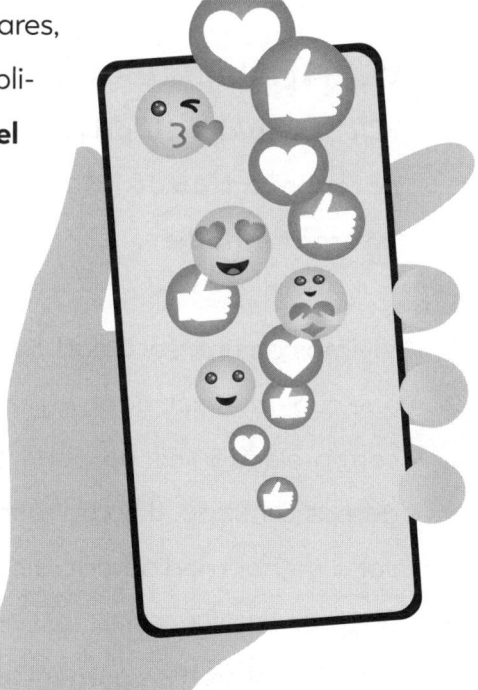

SÉPTIMA CLÁUSULA:

«Debes cuidar tu privacidad y la de la familia y no dar ningún tipo de información personal a través de internet a nadie».

Vivimos en una sociedad conectada y digitalizada en la que cualquier actividad que hagamos, desde abrirnos un correo electrónico, un perfil en redes sociales o descargarnos una app, deja un rastro que proporciona en mayor o menor medida **datos de carácter personal**. Pero si además publicamos fotos, vídeos o cualquier otra información, estaremos aumentando las posibilidades de sufrir cualquier riesgo relacionado con nuestra seguridad y privacidad, **como robos o suplantaciones de identidad**. Además, sabemos que la línea de negocio en la que se basan las aplicaciones y plataformas gratuitas que utilizamos en el entorno digital está en la **recopilación de datos** que se **venden a terceros** para luego bombardearnos con publicidad.

Por todo esto, es imprescindible hacer entender a nuestros hijos que deben **proteger su identidad digital y su privacidad**, así como la del resto de la familia:

- No debes compartir ni publicar fotos o vídeos, o dar información que pueda revelar **dónde vives, en qué colegio estudias** o **cuándo y dónde vas** a actividades extraescolares.
- No debes publicar vídeos donde se muestre claramente **tu habitación u otras zonas de la casa**.
- No debes **mandar imágenes íntimas** tuyas a nadie y, si lo hicieras algún día, nunca puedes hacerlo sin el consentimiento de la otra persona.
- **No puedes reenviar a otras persona**s fotografías o vídeos de carácter erótico o sexual que, voluntariamente, una persona te haya enviado a ti. Es un delito.

- **Nunca envíes dinero** a una persona desconocida ni des datos personales ni bancarios.
- **No geolocalices** tus publicaciones en redes sociales ni indiques **cuándo y dónde estás de vacaciones**.

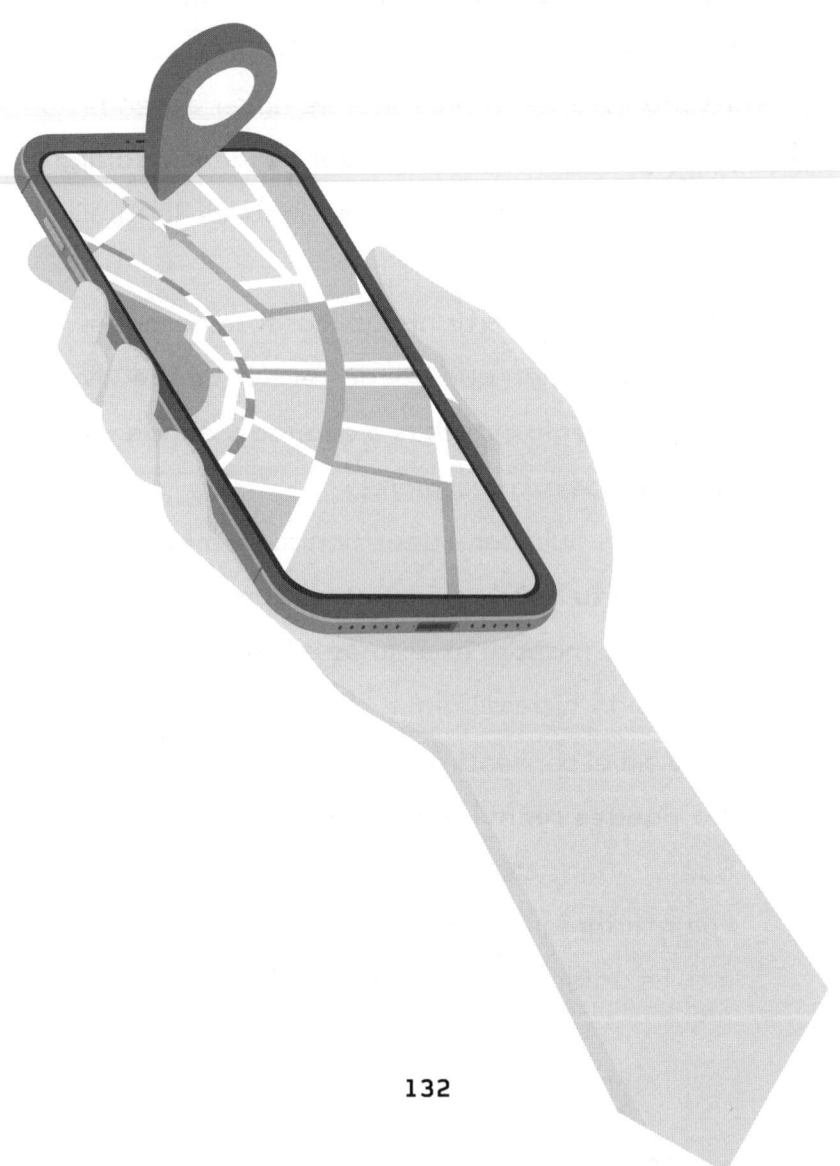

POR SI OS AYUDA

En casa nos encanta hacernos fotos durante las vacaciones (creo que como a la mayoría de las personas), pero no publicamos ninguna que pueda hacer pensar que nu estumos hasta que hemos vuelto. De este modo, reducimos el riesgo de que ladrones que rastrean las redes sociales en busca de infurmación puedan detectar que no estamos en casa.

OCTAVA CLÁUSULA:

«Detrás de la pantalla no todo el mundo es quien dice ser. No aceptes a personas desconocidas ni en juegos online ni en redes sociales».

Como os comentaba anteriormente, una de las cosas en las que más debemos incidir cuando iniciamos las conversaciones con nuestros hijos sobre el entorno digital es que no siempre los niños o niñas que se encuentran **detrás de un avatar de un videojuego o de un perfil en redes sociales son quienes ellos creen**.

La inmadurez propia de su edad y la poca percepción de riesgo **les hace confiar y ser más imprudentes**, por ello, sobre todo a edades más tempranas, la norma debe ser que no acepten a **ninguna persona que no conozcan en persona** o que no conozca nadie de su entorno.

También es importante recordarles que esto incluye **no dar su número de teléfono** a ninguna persona desconocida, ni en el entorno físico ni en el digital.

NOVENA CLÁUSULA:

«Si te molestan en la red, te insultan, te amenazan o encuentras contenido inapropiado que te incomoda, cuéntanoslo SIEMPRE».

Hay ciertos temas que no son fáciles o que nos cuesta abordar en casa con nuestros hijos, como son el consumo de sustancias, la pornografía, las relaciones sexuales, etc. Pero, sin duda, establecer un **clima de confianza** en el que nuestros hijos se sientan cómodos va a hacer que **podamos dialogar** sobre esto de **forma preventiva y reducir riesgos**.

Además, tenemos que saber que tanto el *ciberbullying* como **la suplantación de identidad o la sextorsión son delitos**, y nunca debemos **culpabilizar a nuestro hijo**, aunque pensemos que ha podido cometer un error, ya que **ELLOS SON SIEMPRE LAS VÍCTIMAS**. Y, por supuesto, después de haber recopilado y guardado todas las posibles pruebas o evidencias del dispositivo, **debemos denunciarlo ante los cuerpos de seguridad**:

- Grupo de Delitos Telemáticos (GTD) de la Guardia Civil.
- Unidad de Investigación Tecnológica (UIT) del Cuerpo Nacional de Policía.

IMPORTANTE

NUNCA podemos descargar, capturar, fotografiar o copiar el contenido de Material de Explotación Sexual Infantil que hayan enviado a nuestro hijo o hayamos encontrado en redes sociales con la intención de aportar pruebas. Tenerlo en nuestro dispositivo es un delito.

DÉCIMA CLÁUSULA:

«Ahora tienes una nueva responsabilidad; si haces un mal uso o no cumples las normas, debes asumir las consecuencias, como puede ser que te retiremos el móvil o limitemos tu actividad con él».

Para que los menores entiendan la importancia de establecer ciertas reglas en la familia, estas deben ser puestas en práctica **con coherencia y sentido común,** y deben mantenerse aunque los padres estén separados o divorciados, que es cuando más **debemos mirar por el**

bien de los menores, en vez de por nuestros intereses personales.

Aun así, siempre es recomendable tener algo de **flexibilidad con ciertos límites** para que ellos vean **nuestra confianza en su aprendizaje,** como puede ser que, excepcionalmente, si un día no tienen tareas escolares o las terminan muy temprano, puedan utilizar su dispositivo para charlar con sus amigos o ver el contenido que más les gusta.

POR SI OS AYUDA

En casa, algunos días en los que mi hijo había terminado de estudiar, me pedía permiso para conectarse a la consola. Si no conociera bien cómo es mi hijo, cómo es su entorno y cómo socializan hoy día los adolescentes y jóvenes, quizá hubiera dicho que no directamente, ya que se trataba de días lectivos. Pero la razón de conectarse realmente era para charlar un rato con sus compañeros de clase y descansar antes de cenar.

ESTAMOS DE ACUERDO
FIRMA DE PADRES E HIJOS

«Estoy de acuerdo con las diez cláusulas y me comprometo a usar el móvil de forma responsable».

Tanto nosotros como nuestros hijos entendemos que esto es un **acuerdo para el buen uso de la tecnología** por parte de los menores, para que ellos puedan aprender a **autocontrolarse,** para que adquieran una **responsabilidad** respecto al uso de sus dispositivos, así como del importantísimo tiempo de desconexión o libre de pantallas.

Nosotros también nos comprometemos, como padres, a **acompañarlos, orientarlos y ayudarlos** en todo este proceso; realizando una escucha activa y educando **desde el diálogo y la conversación, sin culpabilizarles,** aun cuando hayan cometido algún error o imprudencia (que sucederá). El objetivo es formar a niños y adolescentes que dispongan de herramientas tanto técnicas como emocionales que les permitan mejorar sus habilidades de alfabetización mediática y **los conviertan en ciudadanos digitales éticos y responsables.**

CONTRATO FAMILIAR PARA EL BUEN USO DEL MÓVIL

Un acuerdo entre _____
y sus padres _____

✔ **PRIMERA CLÁUSULA:** El móvil no es un juguete; es una herramienta que te cedemos para que la uses de forma responsable.

✔ **SEGUNDA CLÁUSULA:** Mientras seas menor, el móvil no es privado. Como padres y tutores legales, conoceremos las claves de acceso.

✔ **TERCERA CLÁUSULA:** Mientras seas menor, supervisaremos tu actividad digital y configuraremos un control parental para prevenir los riesgos digitales.

✔ **CUARTA CLÁUSULA:** Hay unas normas y unos límites de uso que debes cumplir:

- Los días lectivos _____ _____ horas al día.

- Los fines de semana/vacaciones _____ horas al día.

- Mientras duermes tendrás el móvil fuera de tu habitación o en modo avión.

- No utilizarás el móvil al menos dos horas antes de irte a la cama.

- No lo llevarás al centro escolar salvo que sea estrictamente necesario, y lo harás respetando las normas del centro (apagado o en silencio).

✔ **QUINTA CLÁUSULA:** No puedes descargar apps o juegos, incluidas las redes sociales, ni realizar ningún tipo de compra en internet sin consultar.

✔ **SEXTA CLÁUSULA:** Conoce la netiqueta, respetarás a los demás también en el entorno digital.

✔ **SÉPTIMA CLÁUSULA:** Debes cuidar tu privacidad y la de la familia y no dar ningún tipo de información personal a través de internet a nadie.

✔ **OCTAVA CLÁUSULA:** Detrás de la pantalla no todo el mundo es quien dice ser. No aceptes a personas desconocidas ni en juegos online ni en redes sociales.

✔ **NOVENA CLÁUSULA:** Si te molestan en la red, te insultan, te amenazan o encuentras contenido inapropiado que te incomoda, cuéntanoslo SIEMPRE.

✔ **DÉCIMA CLÁUSULA:** Ahora tienes una nueva responsabilidad, si haces un mal uso o no cumples las normas, debes asumir las consecuencias, como puede ser que te retiremos el móvil o limitemos tu actividad con él.

ESTAMOS DE ACUERDO. Tanto nosotros como nuestros hijos entendemos que esto es un acuerdo para el buen uso de la tecnología y aceptamos nuestras responsabilidades.

Firmado:

_____ _____
La madre/el padre/ambos   El hijo/la hija

ESCANEA Y DESCARGA AQUÍ EL CONTRATO FAMILIAR PARA EL BUEN USO DEL MÓVIL

ÚLTIMAS RECOMENDACIONES DE CIBERSEGURIDAD PARA TODA LA FAMILIA

LA SEGURIDAD EMPIEZA EN CASA Y POR NOSOTROS, LOS ADULTOS

1. Mantén los dispositivos, aplicaciones y plataformas siempre **actualizadas.**
2. Utiliza **contraseñas robustas** y, si es posible, configura la verificación en dos pasos.
3. Instala herramientas **antivirus** en todos los dispositivos para detectar posible *malware*.
4. Configura el *router* de casa con **diferentes usuarios** (para la familia y para los invitados) y cambia la contraseña periódicamente.

5. Realiza las compras online siempre en sitios seguros y, preferiblemente, con **tarjetas prepago.**

6. **Cierra la sesión** si te conectas en sitios públicos y apaga el ordenador para vaciar parte de su memoria.

7. No descargues aplicaciones, juegos o *software* pirata, sino de **sitios web oficiales.**

8. No pinches **enlaces sospechosos o no solicitados,** ya sea a través de SMS, mail o mensajería instantánea.

9. **No te conectes a redes wifi públicas** y, si tuvieras que hacerlo, evita acceder a datos personales (banco, mail, redes sociales, etc.).

10. Haz **copias de seguridad** en soportes externos regularmente.

BONUS:

RECURSOS QUE DEBES CONOCER ANTES DE QUE TUS HIJOS USEN EL MÓVIL

CONOCE EL 017 DEL INCIBE Y EL CANAL PRIORITARIO DE LA AGENCIA ESPAÑOLA DE PROTECCIÓN DE DATOS

El **017 es la Línea de Ayuda en Ciberseguridad del Instituto Nacional de Ciberseguridad (INCIBE),** gratuita y confidencial, dirigida a ciudadanos y empresas, y, muy especialmente, **a menores y su entorno (padres, educadores y profesionales que trabajen en el ámbito del menor o la protección online ligada a este público).** El servicio es atendido por un equipo multidisciplinar de expertos, a través de las diferentes opciones de contacto, que ofrecen asesoramiento técnico, psicosocial y legal en horario de 8 de la mañana a 11 de la noche, los 365 días del año.

El **Canal Prioritario de la Agencia Española de Protección de Datos** ofrece una vía rápida y gratuita para **denunciar la publicación ilegítima en internet de contenidos sensibles, sexuales o violentos**, incluso sin ser la persona afectada. El reclamante debe describir las circunstancias en que se ha producido la difusión no consentida de las imágenes, indicando en particular si la persona afectada es víctima de violencia de género, abuso o agresión sexual o acoso, o si pertenece a cualquier otro colectivo especialmente vulnerable como menores de edad, personas con discapacidad o enfermedad grave o en riesgo de exclusión social, así como especificar la dirección o las direcciones web en las que se ha publicado.

RECUERDA

- En edades tempranas (de cero a tres años) no debemos utilizar los dispositivos tecnológicos como «chupete digital». Podemos recurrir a ellos de manera muy excepcional para hacer una videollamada con algún familiar, por ejemplo, con los abuelos si viven lejos, o enseñarles algún cuento o canción, pero siempre pensando que nunca el tiempo de pantalla puede sustituir al tiempo de juego tanto con otros niños como con nosotros.

- Elige el momento adecuado para tener la conversación con tus hijos y establece un diálogo calmado, escuchando su opinión u objeciones, especialmente en época adolescente. La escucha activa es clave.

- Planifica y deja claro cuándo y cómo va a ser el uso de los dispositivos durante el período escolar en casa, así como si va a haber flexibilidad o no y si cambian las normas los días del fin de semana o festivos.

- Lo más recomendable es que si se decide que tengan un dispositivo a edades tempranas este sea sin conexión a internet y de gama baja y, según vayan creciendo, siempre con supervisión y normas, adquirir modelos con más funcionalidades y mayor tarifa de datos.

- Cuando ya tengan la edad apropiada para poder abrirse un perfil en redes sociales (y si así lo consideras oportuno), pregunta a tus hijos adolescentes en qué redes sociales están, quiénes son sus referentes y ve sus vídeos con ellos. Es importante saber qué les atrae de estos perfiles: el éxito, la fama, los comentarios, los contenidos, etc., fomentar de esta manera la reflexión, su sentido crítico, y que sepan, por un lado, detectar los posibles bulos y desinformación, y, por otro, a diferenciar qué es un contenido publicitario (incluso posibles estafas) de otro orgánico.

- Es preciso que nuestros hijos entiendan la importancia de preservar su información personal y sus datos, y cómo no deben compartirla en las redes sociales o canales de mensajería.

- Fomentar una buena autoestima en nuestros hijos va a hacer que les afecten en menor medida los contenidos inadecuados que puedan encontrar en la red, ya que evitar que los vean o los encuentren es algo totalmente imposible.

- Debemos promover el ocio saludable para evitar un uso abusivo de las pantallas. Es conveniente estimular las actividades lúdicas que les permitan desconectar del móvil o la videoconsola, como practicar deporte, salir con amigos, realizar planes familiares, etc. Anímales a tener una variedad de intereses y actividades para mantener un equilibrio saludable en su vida.

- Y fomenta el respeto digital. Enséñales a ser respetuosos en el entorno digital, a tener empatía y a luchar contra el ciberacoso o la difamación de sus amigos o compañeros, al igual que lo hacen en su día a día en el entorno físico. Debes estar alerta no solo a las señales que te indiquen que puede estar siendo acosado, sino también de si tu hijo o hija es el acosador.

Educar no siempre es fácil, y menos en un entorno tan cambiante como el actual, pero si tratamos de **estar informados y actualizados**, junto con el **diálogo abierto con nuestros hijos**, lograremos no evitar, pero sí **reducir muchos de los conflictos por el uso de la tecnología en casa**.

PARA HACER
QUE LAS PANTALLAS
NO LOS «DESCONECTEN» DE TODAS
LAS ACTIVIDADES Y RELACIONES QUE
DEBEN SEGUIR CULTIVANDO
EN EL ENTORNO FÍSICO, DEBEMOS
ESTAR MÁS «CONECTADOS»
QUE NUNCA CON NUESTROS HIJOS,
CON Y SIN TECNOLOGÍA.

GLOSARIO TECNOLÓGICO:

TODO LO QUE DEBES CONOCER SOBRE LOS MÓVILES Y EL ENTORNO DIGITAL

App. Aplicación informática con una función concreta diseñada sobre todo para utilizar en móviles o tabletas. Se descarga de una tienda de apps, principalmente App Store (de Apple) o Google Play Store. Puede ser gratuita o de pago.

Autenticación, autentificación. Medida de seguridad que permite comprobar la identidad y autenticidad de alguien o de algo.

Avatar. Imagen (fotografía o dibujo) que se usa para identificar a un usuario en internet. Suelen ser representaciones humanas, pero también animales, objetos e incluso imágenes abstractas. Algunas tecnologías permiten representaciones tridimensionales.

Banear. Del inglés «*ban*», que significa «prohibición». Restricción (temporal o permanente) de un usuario dentro de un chat, foro o red. La suele ejecutar un moderador generalmente por infringir las normas de uso y de comportamiento.

Binge-watching. Acción de ver varios episodios de una serie de televisión o una temporada completa de un programa de manera continua y en un corto período de tiempo. Se ha vuelto especialmente relevante con la popularidad de servicios de transmisión como Netflix, Hulu, Amazon Prime Video y otros, que suelen lanzar temporadas completas de programas al mismo tiempo, pero es importante tener en cuenta que el *binge-watching* excesivo puede tener impactos en la salud, como falta de sueño y el sedentarismo.

Bluetooth. Tecnología de comunicación inalámbrica de corto alcance que permite la transferencia de datos entre dispositivos tales como teléfonos móviles, auriculares, altavoces, impresoras, teclados, ratones y otros dispositivos electrónicos. Facilita la sincronización de datos y la transmisión de voz. No es necesario estar conectado a internet para hacer uso del Bluetooth.

Chat. Comunicación escrita realizada de manera instantánea a través de internet entre varias personas, ya sea de manera pública a través de los llamados chats públicos (mediante los cuales cualquier usuario puede tener acceso a la conversación) o privada, en los que se comunican solo dos personas a la vez. Proviene del inglés «*chatter*», que equivale a «hablar de temas sin importancia, rápida o incesantemente». Los más conocidos y usados por los adolescentes son a través del Messenger de Instagram y de WhatsApp. También se puede hacer a través de webs.

***Ciberbaiting*. Ciberhumillación de profesores**. Deriva de la combinación de «ciber» (relacionado con la tecnología e internet) y «*baiting*» (provocar o incitar). Situación en la que un estudiante provoca o incita a un maestro o profesor de manera deliberada con el fin de grabar su reacción y luego difundirla en línea, generalmente a través de redes sociales o plataformas de vídeo. Esto puede incluir insultos, provocaciones, desafíos o cualquier otro comportamiento destinado a generar una respuesta emocional o negativa por parte del docente.

***Ciberbullying*.** Forma de acoso, intimidación u hostigamiento que ocurre a través de medios digitales, como las redes sociales, los mensajes de texto, los correos electrónicos y otras plataformas en línea. Consiste en el uso repetido de tecnologías digitales para causar daño, humillación, vergüenza, miedo o incomodidad a otra persona. Esta forma de acoso puede ocurrir tanto entre jóvenes como entre adultos, aunque es más común en entornos escolares y entre adolescentes. Es importante tomar medidas para prevenir y abordar el *ciberbullying*, promoviendo una cultura de respeto, empatía y responsabilidad en línea, y brindando apoyo a las víctimas y sus familias.

DM. Del inglés «*direct message*» o mensaje directo. Función que permite a los usuarios, en plataformas como las redes sociales, enviar mensajes privados entre ellos sin que estos sean visibles para el público en general.

Doxing. Práctica en línea en la que una persona busca y revela información personal sobre otra persona sin su consentimiento, con el objetivo de intimidar, acosar, avergonzar o dañar a la víctima de alguna manera.

Emojis. También llamados emoticonos. Pequeñas representaciones gráficas o elementos visuales que se utilizan para expresar emociones, ideas o conceptos en mensajes de texto y en la comunicación digital en general. Es muy recomendable su uso para evitar malentendidos al no poder poner tono a los mensajes escritos.

FOMO. Abreviatura que significa «*Fear Of Missing Out*» en inglés, que se traduce al español como «Miedo a Perderse Algo». Se refiere a la ansiedad o el temor que siente una persona cuando percibe que está perdiendo una oportunidad, experiencia o evento social relevante que otros están disfrutando.

Freemium. Modelo de negocio utilizado en la industria del software y otros servicios digitales que combina características y servicios gratuitos (*free*) con opciones de pago (*premium*). En este modelo los usuarios tienen acceso a una versión básica o limitada del producto de forma gratuita, pero pueden optar por pagar una tarifa para acceder a características adicionales, funcionalidades avanzadas o contenido exclusivo.

Free-to-play (F2P, del inglés *free-to-play*). Sistema de juego en línea que permite jugar de forma gratuita sin ningún gasto adicional a los usuarios salvo el coste del juego. En algunos casos, el juego en sí también puede ser gratuito, pero puede incluir publicidad o estar restringido (sistema conocido como «*pay-to-play*») para que los jugadores de pago tengan ventajas.

GIF. Del inglés «*Graphics Interchange Format*» («Formato de Intercambio de Gráficos», en español). Imágenes en movimiento que se repiten en forma de bucle. Son compatibles con muchas plataformas en línea, incluyendo redes sociales, foros y servicios de mensajería.

GPS. El Sistema de Posicionamiento Global, conocido como GPS por sus siglas en inglés. Tecnología que utiliza señales de satélites para determinar la ubicación exacta de un objeto, persona o lugar en la Tierra. Con la ayuda de receptores GPS, como los que se encuentran en teléfonos móviles y dispositivos de navegación, se puede conocer la posición geográfica precisa de un objeto (persona, vehículo, etc.) en todo el mundo.

Grooming. Acción de un adulto que establece una relación con un niño o adolescente con el fin de ganarse su confianza y manipularlo para llevar a cabo abusos sexuales. Es una práctica peligrosa y criminal que puede tener graves consecuencias emocionales y psicológicas para las víctimas, y es importante que los adultos estén atentos a los signos de *grooming* y tomen medidas para proteger a los niños y adolescentes de posibles abusos.

Gusano. Programa malicioso (*malware*) que se trasmite a sí mismo activamente por una red (se dice que es «autorreplicante»). No requiere ninguna intervención del usuario para extenderse ni «esconderse» en ningún programa. Tiene en común con los virus que su principal función es reproducirse, pero los gusanos, en lugar de meterse en otros archivos, crean copias de sí mismos. Pueden realizar acciones adicionales malignas.

Hacker. Experto en un sistema informático. En ocasiones se usa impropiamente para referirse a los piratas informáticos (*crackers*) o ciberdelincuentes.

Malware. Acrónimo en inglés de: «*Malicious software*». Engloba todos aquellos programas «maliciosos» (troyanos, virus, gusanos, etc.) o software que pretenden obtener un determinado beneficio, causando algún tipo de perjuicio al sistema informático o al usuario de este.

Nick (o nickname). Nombre o pseudónimo utilizado por un usuario en un chat, red social o servicio de mensajería para identificarse de forma alternativa a su nombre propio. Puede estar compuesto por letras, números y otros caracteres.

Nomofobia. Miedo irracional o ansiedad extrema que experimenta una persona cuando se encuentra sin su teléfono móvil o cuando no tiene acceso a él.

PEGI. Sistema europeo para clasificar el contenido de los videojuegos y otro tipo de software de entretenimiento. Existen dos formas de clasificación para cualquier software: una de edad sugerida y otra sobre seis descripciones de contenido, tales como el uso de lenguaje indecente, violencia, etc.

Pharming. Manipulación de la resolución de nombres de dominio producido por un código malicioso, normalmente en forma de troyano, que se nos ha introducido en el ordenador mientras realizábamos una descarga y que permite que al usuario, cuando introduce la dirección de una página web, se le conduzca en realidad a otra falsa, que simula ser la deseada. Con esta técnica se intenta obtener información confidencial de los usuarios, desde números de tarjetas de crédito hasta contraseñas. De manera que, si el usuario accede a la web de su banco para realizar operaciones bancarias, en realidad accede a una web que simula ser la del banco casi a la perfección, logrando así obtener los códigos secretos del usuario, pudiendo materializar el fraude con los mismos.

Phishing. Del inglés «*password harvesting fishing*» («cosecha y pesca de contraseñas»). Tipo de ciberestafa cuyo objetivo es obtener de la víctima sus contraseñas, números de tarjetas de crédito o DNI mediante engaño para, más tarde, utilizarlos de forma fraudulenta. Normalmente los estafadores piden datos personales haciéndose pasar por una empresa o entidad pública con la excusa de comprobarlos o actualizarlos, a través de llamadas telefónicas (*vishing*) o SMS (*smishing*). Por ello, la recomendación es desconfiar de mensajes o llamadas que soliciten datos o prometan ofertas sospechosas. Revisad y reflexionad antes de hacer clic o dar información.

Phubbing. Acción de ignorar a las personas que están físicamente presentes en favor de prestar atención a un teléfono móvil u otro dispositivo electrónico. El término es una combinación de las palabras «*phone*» (teléfono) y «*snubbing*» (despreciar), y puede ocurrir en una variedad de situaciones sociales, como durante una comida en un restaurante, una conversación con amigos, una reunión familiar o incluso en situaciones profesionales.

PIN (número PIN). En inglés «Personal Identification Number». Código numérico personal. Por lo general, consta de cuatro a seis dígitos, que se utilizan como contraseña para autenticar la identidad de un usuario para acceder a cuentas, tarjetas de crédito, teléfonos móviles, cajeros automáticos u otros dispositivos electrónicos.

Pop-ups. Ventanas emergentes con promociones y publicidad. Son tan molestas como fáciles de eliminar con navegadores como Firefox o barras de herramientas como la de Google.

Privacidad. Derecho a la intimidad. En concreto se suele usar en el mismo sentido que el derecho a la protección de nuestros datos personales ante cualquier intromisión o uso no autorizado por nosotros mismos.

Scroll. Acción de desplazarse, vertical u horizontalmente, a través de contenido en una pantalla electrónica, ya sea en ordenador, tableta o teléfono móvil.

Sexting. La palabra es una combinación de los términos ingleses «sex» («sexo») y «texting» («envío de mensajes»).

Acción de enviar mensajes con contenido erótico o sexual a través de dispositivos tecnológicos (móvil, tableta, ordenador) de manera voluntaria. Pueden ser fotos, mensajes, audios o vídeos, y se puede hacer a través de múltiples vías (WhatsApp, Snapchat, Instagram, Messenger...). Es habitual que lo utilicen quienes se han conocido a través de apps de contactos. Siempre y cuando se cuente con el consentimiento de las personas adultas involucradas, no es delito, pero nunca hay garantías de que sea una práctica segura.

Sextorsión. Forma de explotación sexual en la cual se chantajea a una persona por medio de una imagen de sí misma desnuda que ha compartido a través de internet mediante *sexting*. La víctima es posteriormente coaccionada para tener relaciones sexuales con el/la chantajista para producir pornografía u otras acciones.

SIM. La SIM (*Subscriber Identity Module*) o «tarjeta SIM» (en español, «Módulo de Identificación de Abonado»). Pequeña tarjeta inteligente que se utiliza en teléfonos móviles y otros dispositivos conectados, como tabletas y algunos modelos de relojes inteligentes. Cuando un usuario cambia de dispositivo, puede trasladar su tarjeta

SIM al nuevo dispositivo para conservar su número de teléfono y la información asociada.

Smartphone. También conocido como «teléfono inteligente». Tipo de teléfono móvil que combina capacidades de comunicación (llamadas y mensajes de texto) con funciones avanzadas de computación y conectividad a internet. Poseen pantallas táctiles, correo electrónico, GPS, cámaras y una variedad de aplicaciones que pueden descargarse e instalarse para realizar diversas funciones.

Smartwatch. También llamado «reloj inteligente». Dispositivo de pulsera que combina funciones de reloj tradicional con capacidades avanzadas de computación y conectividad. Estos dispositivos suelen tener pantallas táctiles que permiten la interacción con el usuario y ofrecen diversas funcionalidades, como la monitorización de la salud, la recepción de notificaciones, llamadas, mensajes de texto, etc.

SMS. Servicio de comunicación a través de mensajes cortos o «*Short Message Service*» en inglés, disponible en los dispositivos móviles. Los mensajes SMS suelen tener una longitud limitada, comúnmente hasta 160 caracteres alfanuméricos. El SMS sigue siendo una forma común de comunicación, especialmente en situaciones en las que no se dispone de una conexión a internet

Spyware. Programa malicioso o *malware* que recopila datos sobre el usuario de un ordenador o dispositivo móvil y los envía sin permiso ni conocimiento del usuario, normalmente para controlar todo lo que hace la persona en cada momento.

Stalking. Comportamiento no deseado y repetitivo que implica el acoso o la persecución de una persona por parte de otra. Esto puede incluir una serie de acciones intrusivas, como seguir a la persona, aparecer en lugares donde se sabe que estará, realizar llamadas telefónicas no deseadas, enviar correos electrónicos o mensajes de texto excesivos, monitorear sus actividades en línea o enviar regalos no deseados. El «stalking» es una violación seria de los límites personales y se considera un delito en España y en otras muchas jurisprudencias.

Trend. «Tendencia» en español. En plataformas como TikTok e Instagram, temas o hashtags que son populares y están siendo ampliamente discutidos o compartidos en un momento dado. Estos temas suelen mostrarse en listas de tendencias, lo que indica su popularidad en ese momento.

Troll. «Trol» en español. Usuario que busca provocar, ofender o generar malestar dentro de una comunidad online, como puede ser un blog, un foro o un perfil en redes sociales. A diferencia de alguien insatisfecho o enfadado con un servicio o situación, un troll no busca una solución a un problema, sino tan solo trastornar e irritar.

Troyano. Programa malicioso que se aloja en un ordenador y que permite a un usuario externo controlar el equipo o conseguir información (contraseñas, datos bancarios...) sin que la víctima se dé cuenta y sin afectar al funcionamiento del equipo, ya que su efectividad reside en pasar desapercibidos.

URL. *Uniform Resource Locator.* Dirección que, escrita en la barra de direcciones de un navegador, nos lleva a una determinada página web. Por ejemplo: http://www.educaciondigitalparafamilias.com

Vamping. Hábito de quedarse despierto durante la noche para utilizar dispositivos electrónicos, especialmente teléfonos móviles, ordenadores o tabletas. Resulta problemático porque la exposición a la luz azul emitida por las pantallas de los dispositivos electrónicos puede interferir con la producción de melatonina, la hormona que regula el ciclo de sueño-vigilia. Esto puede dificultar conciliar el sueño y provocar problemas de insomnio o alteraciones en el ritmo circadiano.

Virus. Programa que infecta otro programa y hace que este, cuando se ejecuta, extienda el virus a otros programas. Adicionalmente puede realizar otras acciones, a menudo malignas. Se propaga mediante la ejecución por parte del usuario del programa infectado (o apertura de un fichero capaz de contender instrucciones macro) y pasa a infectar otros programas.

Vishing. Fraude que persigue el mismo fin que el *phishing*, obtener datos confidenciales de usuarios, pero a través de otro medio: la telefonía IP. Los ataques de *vishing* se suelen producir siguiendo dos esquemas:

   – Envío de correos electrónicos en los que se alerta a los usuarios sobre algún tema relacionado con sus cuentas bancarias con el fin de que estos llamen al número de teléfono gratuito que se les facilita.

– Utilización de un programa que realice llamadas automáticas a números de teléfono de una zona determinada.

En ambos casos, cuando se logra contactar telefónicamente con el usuario, un mensaje automático le solicita el número de cuenta, contraseña, código de seguridad, etc.

Zombi. Equipo informático que ha sido infectado por algún tipo de *malware* y que como consecuencia es usado remotamente, sin que el usuario lo sepa, para realizar ataques informáticos y otro tipo de actividades delictivas.

GLOSARIO ADOLESCENTE:

TODO LO QUE DEBES CONOCER PARA ENTENDER A TUS HIJOS ADOLESCENTES

ASAP. Las siglas «ASAP» significan «*As Soon As Possible*» en inglés, que traducido al español sería «Tan Pronto Como Sea Posible».

ASMR. Las siglas «ASMR» significan «Respuesta Sensorial Meridiana Autónoma» en inglés, *Autonomous Sensory Meridian Response*. Sensación placentera y relajante que algunas personas experimentan en respuesta a ciertos estímulos visuales, auditivos o táctiles, como susurros, sonidos repetitivos suaves, toques suaves.

Azules. Palabra coloquial para designar a los miembros de la Policía Nacional.

Boomer. Persona nacida durante el *Baby Boom* (1946 y 1964). Persona mayor.

Bro. Forma reducida de *brother*, «hermano» en inglés. Se usa para referirse o saludar a los amigos y compañeros.

Cayetano/a. Persona «pija», que tiene una forma determinada de vestir (chaleco, pantalón chino, pulsera con la bandera de España, etc.).

Chapas. Persona muy pesada, que no se calla.

Chill. «*To chill*», verbo inglés que significa «relajarse, estar tranquilo». También se puede utilizar la forma en gerundio «*chilling*» o «de *chill*».

Cringe. Sensación de incomodidad, vergüenza ajena o malestar que experimenta una persona al presenciar o escuchar algo que percibe como embarazoso, vergonzoso o inapropiado.

Crush. Enamoramiento o amor platónico, comúnmente entre jóvenes y adolescentes por *influencers*, artistas o personas famosas, aunque también puede aplicarse a personas de todas las edades.

Cute. Traducción del inglés que significa «lindo» o «bonito». Algo *cute* es algo mono.

F. Letra o expresión coloquial que puede ser utilizada en diferentes contextos, como para burlarse de alguien («F en el chat») o expresar empatía («vaya F»).

Fail. Palabra en inglés que significa «fallar» o «fracasar» y se utiliza en internet y las redes sociales para señalar situaciones cómicas, absurdas o desafortunadas.

Fav. En el contexto de las redes sociales y el lenguaje informal de los adolescentes, «fav» es una abreviatura de «favorito».

Feka. Persona falsa, que es «fake», que se contradice con sus acciones.

Fuckboy. Chico que juega con los sentimientos de las mujeres, cuyo único objetivo parece ser tener sexo. Mujeriego.

Ghosting. Acción de terminar abruptamente una relación personal o romántica cortando toda comunicación y contacto con la otra persona. Se ha popularizado en el contexto de las citas y las relaciones amorosas en la era digital, donde es común que las personas dejen de responder a los mensajes de texto, llamadas o correos electrónicos sin ninguna explicación.

Glow up. Término que se ha popularizado en las redes sociales, especialmente en plataformas como Instagram y

TikTok, donde las personas comparten fotos o vídeos que muestran su evolución personal, desde una versión anterior de sí mismas hasta una versión actual que se considera mejorada en algún aspecto.

GRWM. Abreviatura en inglés de «*Get Ready With Me*», que se traduce al español como «Prepárate Conmigo». Vídeos o publicaciones en los que una persona muestra, comúnmente en redes sociales, paso a paso cómo se maquilla, peina y viste, compartiendo consejos, productos y técnicas que utiliza durante su rutina de preparación.

Hatear. Acción de enviar mensajes de odio o realizar comentarios negativos y perjudiciales hacia una persona, grupo, comunidad o contenido

Haul. Vídeo publicado en las redes sociales en el que alguien enseña sus últimas compras, ya sea maquillaje, ropa, accesorios o electrónica, y hace comentarios o valoraciones sobre los productos.

Hype. Gran emoción o entusiasmo generado alrededor de algo, ya sea un evento, un producto, una película, una canción, un videojuego o cualquier otro tipo de contenido o experiencia.

Literal. Expresión que se utiliza en una conversación cuando quieres expresar que estás de acuerdo con lo que ha dicho la persona, que piensas igual.

Llevarse. Tener una buena relación con alguien, «llevarse bien».

LOL. Abreviatura en inglés que significa «*Laughing Out Loud*» («Reírse en voz alta», en español). Se utiliza para expresar que algo te resulta gracioso o es una broma.

Mamadísimo/a. Persona que está «mazada», muy fuerte (bien sea en la vida real o en un videojuego), o persona que está muy borracha.

MDLR. Siglas del francés «Mec de la rue», que significa «chico de la calle».

«Me matas». Expresión que se utiliza cuando algo te gusta mucho o cuando dice algo muy gracioso y te hace reír.

MOS. Siglas del inglés «*Mom Over Shoulder*» que significa que su madre está cerca y puede estar viendo lo que escriben o mandan por el móvil. Es un aviso a la otra persona con la que chatea.

«Ni tan mal». Expresión que se usa para expresar que el resultado ha sido mejor de lo esperado, que no te ha ido mal.

Niño/a rata. En el mundo de los videojuegos, niños/as y adolescentes que solo se dedican a molestar durante la partida, pero en la jerga adolescente lo han normalizado para referirse a cualquier compañero o compañera con gustos «raritos».

Nudes. Imágenes que suelen ser de carácter íntimo y pueden incluir desnudos parciales o completos. Se ha vuelto especialmente común en el contexto de la cultura digital y las relaciones entre adolescentes.

Ootd. Abreviatura que significa «*Outfit Of The Day*» en inglés, lo que se traduce al español como «Atuendo del Día». Es un término comúnmente utilizado en redes sociales y las personas suben publicaciones o vídeos con las prendas y accesorios que componen el conjunto, así como enlaces o etiquetas de las marcas para que los seguidores puedan encontrar y comprar los mismos artículos si lo desean.

Outfit. Palabra del inglés que significa vestimenta, ropa o conjunto. «Modelito» para una situación concreta.

Pana. Coloquialmente, amigo o compañero cercano.

Pavo. Tío o chaval. También puede emplearse con el significado de tonto o ingenuo («Ser un pavo»).

Plot twist. Término que se utiliza en literatura, cine, televisión, y ahora también, coloquialmente, en la vida real, cuando una situación da un giro o tiene un final inesperado.

«Poner los tochos». «Poner los cuernos», cometer una infidelidad.

Postureo. Actitud de adoptar costumbres o actividades por conveniencia o por presunción, para mantener una apariencia o una imagen.

POV. Abreviatura de «*Point of View*» («Punto de Vista», en español). Perspectiva sobre una determinada situación o enfoque desde el que se narra o se muestra una historia.

Putivuelta. Dar una vuelta en una discoteca o una fiesta con tu grupo de amigos o amigas para ver si hay alguien que te interese.

«¿Qué me estás contando?». Pregunta retórica que se usa para expresar que no te crees lo que está pasando, para mostrar incredulidad.

Random. Del inglés. Impredecible, aleatorio o arbitrario.

Rayarse. Obsesionarse o preocuparse excesivamente por algo o alguien.

Refachero, facherito. Persona que tiene buen gusto, buen aspecto. Que se preocupa mucho por su imagen.

Rentar. Dicho de una cosa, que da beneficio o es rentable, que te viene bien.

Salseo. Sinónimo de «cotilleo» o de «movida». Según el diccionario de la RAE, salsear quiere decir entremeterse, meterse en todo.

Sapo. Soplón, chivato.

Shippeo o shippear. Del inglés «*shipping*», abreviatura de «*relationship*», que significa «relacionar» o «apoyar una relación romántica o de amistad entre dos personas ficticias o reales».

«Sí soy». Expresión que se usa para decir que te sientes identificado con algo o alguien.

Skincare. Del inglés, cuidado de la piel. Se ha popularizado por la publicación en redes sociales de vídeos en los que se habla de prácticas y productos diseñados para mantener la piel sana, hidratada y protegida.

Slay. Elogiar a alguien por su estilo, talento, habilidades, actuación, apariencia o cualquier otra cosa que se considere destacada o admirable.

Stalkear. Acción de buscar información o investigar en profundidad la actividad en línea, la presencia en redes sociales o la vida personal de alguien, especialmente de manera obsesiva o excesiva.

Sugar daddy. Hombre mayor que proporciona apoyo financiero o material a una persona más joven («*sugar baby*»), generalmente a cambio de compañía, amistad, intimidad o romance.

Swag. Presencia segura y atractiva que a menudo se asocia con la moda, la actitud relajada y una apariencia distintiva.

«Tan ricamente». Estar a gusto o sin preocupaciones, cómodo/a.

Tener calle. Tener habilidades o experiencia en ciertas situaciones del día a día, especialmente en situaciones sociales.

Tirar *follow*. Comenzar a seguir a alguien en redes sociales.

Trolear. Provocar, molestar o causar discordia mediante acciones o mensajes, ya sea en un modo bromista o no, en internet y en redes sociales.

XD. Risa, diversión o alegría en conversaciones en línea, mensajes de texto o redes sociales.

«Y digo si me lío». Expresión que se utiliza en redes sociales como efecto llamada a aquellas personas que puedan estar interesadas en ti. Expresión que se utiliza para ligar.

AGRADECIMIENTOS

Sin duda alguna, los agradecimientos de este libro van para todos vosotros, las familias. Padres y madres que me habéis acompañado durante Aulas de Padres, charlas, ponencias, dudas y consultas en redes sociales, o, simplemente, a los que leo, de forma anónima a través de la red, y cuya necesidad de información y orientación ha hecho que me decidiera a crear un recurso que os fuera útil a la hora de pensar en ese primer dispositivo para vuestro hijo o hija.

Como siempre digo, cada familia es un mundo, con sus circunstancias y sus necesidades. Por ello, cada uno de vosotros podrá coger las partes del libro que mejor se adapten a su vida familiar; para unos será mucho, para otros, en cambio, será poco. Pero, aun así, espero aportar algo de luz a todos los padres y madres que se sienten desbordados al intentar gestionar el uso de las pantallas con sus hijos, especialmente del teléfono móvil.

Por último, pero no menos importante, gracias a mi editora y a Penguin Random House por hacerlo posible, por pensar en todos vosotros y en mí para llevarlo a cabo.